高职高专经管类实践与应用型规划教材

丛书主编　刘平

宏观经济学基础与实务

主　编　刘　平
副主编　窦　乐　梁　旭　吴　希

清华大学出版社
北京

内 容 简 介

本书根据技能型人才的培养目标和"应用为本、学以致用"的办学理念,贯彻"精、新、实"的编写原则,以"必需、够用"为度,精选必需的内容,其余内容引导学生根据兴趣和需要有目的、有针对性地自学。本书增加了引入案例,更易激发学生的学习兴趣;形式多样的综合练习、学用结合的特点可有效提升学习效果;采用结构式描述,使本书易读、易懂、易学、易记。

本书可以作为高职高专经济管理类各专业的宏观经济学教材,也可以作为非经管类专业学生及经济学爱好者学习宏观经济学的入门书籍。

本书封面贴有清华大学出版社防伪标签,无标签者不得销售。
版权所有,侵权必究。举报: 010-62782989, beiqinquan@tup.tsinghua.edu.cn。

图书在版编目(CIP)数据

宏观经济学基础与实务/刘平主编. --北京:清华大学出版社,2015(2025.1重印)
高职高专经管类实践与应用型规划教材
ISBN 978-7-302-40584-9

Ⅰ. ①宏… Ⅱ. ①刘… Ⅲ. ①宏观经济学-高等职业-教育-教材 Ⅳ. ①F015

中国版本图书馆 CIP 数据核字(2015)第 144734 号

责任编辑:孟毅新
封面设计:傅瑞学
责任校对:李 梅
责任印制:刘海龙

出版发行:清华大学出版社
    网 址: https://www.tup.com.cn, https://www.wqxuetang.com
    地 址: 北京清华大学学研大厦 A 座 邮 编: 100084
    社 总 机: 010-83470000 邮 购: 010-62786544
    投稿与读者服务: 010-62776969, c-service@tup.tsinghua.edu.cn
    质量反馈: 010-62772015, zhiliang@tup.tsinghua.edu.cn
    课件下载: https://www.tup.com.cn,010-62795764
印 装 者:涿州市般润文化传播有限公司
经 销:全国新华书店
开 本: 185mm×260mm 印 张: 10 字 数: 226 千字
版 次: 2015 年 11 月第 1 版 印 次: 2025 年 1 月第 7 次印刷
定 价: 30.00 元

产品编号: 063053-02

高职高专经管类实践与应用型规划教材
丛书编委会

主　　任　石　丽　沈阳理工大学应用技术学院院长
副 主 任　李康举　沈阳理工大学应用技术学院副院长
　　　　　　马继权　盘锦职业技术学院副院长
　　　　　　李文国　沈阳理工大学应用技术学院经济与管理学院院长
　　　　　　刘　平　沈阳理工大学应用技术学院经济与管理学院副院长
　　　　　　梁宁娜　邕江大学管理学院副院长
　　　　　　成凤艳　辽宁科技学院管理学院副院长
　　　　　　徐世江　辽阳职业技术学院科技产业处处长
　　　　　　刘亚杰　辽宁省交通高等专科学校经济管理系主任
　　　　　　贝凤岩　辽阳职业技术学院文经系主任
　　　　　　卜　伟　抚顺职业技术学院工商管理系主任
　　　　　　周晓娟　盘锦职业技术学院财贸系副主任

丛书主编　刘　平　沈阳理工大学应用技术学院经济与管理学院副院长
编　　委（按姓氏笔画排序）
　　　　　　卜　伟　马　英　马继权　贝凤岩　王富饶　刘亚杰
　　　　　　成凤艳　吕列金　邵　亮　严　霓　吴娜娜　金　伟
　　　　　　金　环　岳文军　杨金忠　周晓娟　孟毅新　徐世江
　　　　　　梁宁娜　薛启芳　戴晓丹

序

随着市场经济体制的全球化,大学生就业已经由单一的"统包统分"转变为"双向选择,自主择业"。这一机制不仅赋予用人单位择优录用大学毕业生的权利,同时也赋予大学毕业生选择用人单位的权利。这一方面拓宽了大学生的就业空间,带来了自主选择的机遇;另一方面由于各种因素的综合作用,近年来大学生就业压力日趋严峻。

目前,我国高等教育已由精英化教育阶段进入了大众化教育阶段,大学生数量骤增。2011年全国普通高校毕业生规模将达到历史新高的660万人。2010年11月,教育部部长袁贵仁在2011年全国普通高等学校毕业生就业工作网络视频会议上强调,当前就业总量压力和结构性矛盾并存,高校毕业生就业形势依然严峻,工作任务仍然十分艰巨。同时,从中长期发展趋势来看,我国大学生就业仍将面临巨大的挑战,就业形势不容乐观。

其中原因之一就是高等院校专业设置和培养计划与社会需求存在一定差距。毕业生不是企业想要和想用的人,缺乏必要的、系统的职业指导和创业指导,实践动手能力不强,不能直接上岗。在2008年12月国务院新闻办召开的新闻发布会上,人力资源和社会保障部副部长张小建指出了我们的大学教育与市场脱节的问题,大学生的就业观念与实际就业市场不适应的问题仍然存在,而且成为大学生就业的一种障碍。

一方面是大学生就业困难,另一方面是企业招不到合适的人,培养具有一技之长的应用型人才成为必然的选择。而要有效地实现这一人才培养目标,教材和教学内容就成了首当其冲必须解决的重要问题。

本系列教材根据高素质应用型人才的培养目标和"应用为本、学以致用"的办学理念,理论部分贯彻"精、新、实"的原则,精选必需的内容,其余内容引导学生根据兴趣和需要有目的、有针对性地自学;实践部分则突出应用能力的培养,加大实践教学的力度,创新实践教学的内容和形式。以此为依据,本系列教材统筹考虑和选取教学内容,基本做到教学内容新颖、精辟;能及时把最新科研成果引入教学;突出了课程内容的应用性与先进性;重点是突出应用能力和辩证思维的培养。

本系列教材在编写的过程中突出以下主要特点。

(1) **理论与实践相结合,突出应用性和实践性**。教材中增加了实践性较强且又非常有用的内容,同时结合企业的实际案例,可以较好地满足应用型

和技能型人才培养的需要。

（2）**构建符合面向实践应用的知识和方法体系**。在分章编写重点内容和实用内容时，注重语言的表达方式，争取做到像讲故事一样娓娓道来，使学生易于理解和接受。

（3）**在教材体例上充分考虑案例教学法和模拟演练的需要**。在每章开头有引入案例，在每章正文中穿插个案研究，以加深对重点问题和难点问题的理解和掌握；另外安排一两个完整的综合案例，系统地强化对理论知识的理解和运用；同时穿插部分专论摘要，介绍当今的一些新趋势和观点，开阔视野；在每章后设有阅读材料，以拓宽学生的知识面，加深对正文内容的理解和认识。

本系列教材的各位主编均为教学经验丰富的资深教师，其中多人担任过企业的中、高级管理职务，多人为省级精品课程的负责人和主讲教师，多人带领学生参加过全国与省级各类大赛并屡创佳绩。他们结合自己深厚的学识及丰富的教学实践经验编写的这套丛书，不仅为应用型人才的培养提供了符合企业应用实际的理论体系，同时还提供了有效的实践教学途径和方法。

石 丽

2011 年 6 月

前　言

宏观经济学是经济管理类各专业的一门主干课程,受到了理论界和教育界的普遍重视。然而,目前宏观经济学的教材虽多,但适合高职高专的宏观经济学教材却凤毛麟角。我们在采用目前比较流行的宏观经济学教材时,受学时和学苗因素的影响,只能讲解其中的部分内容。

为此,我们从高职高专教学的实际需要出发,坚持科学性、应用性与先进性的统一,坚持理论与实践相结合,纠正了以往教材过分追求理论知识体系的完整、深奥和过分抽象的倾向,突出了实践性和应用性。

全书分为六章。第一章导论,是宏观经济学的入门篇,重点介绍宏观经济学的研究内容、宏观经济学的体系和研究方法;第二章国民收入核算理论,简要介绍国民经济核算的方法和体系;第三章国民收入决定与调节理论,主要介绍两部门经济中国民收入决定的理论;第四章失业与通货膨胀理论,主要介绍失业理论与通货膨胀理论以及相互关系;第五章经济周期与经济增长,介绍经济周期及其成因以及简单的经济增长模型;第六章宏观经济政策理论,简要介绍主要的宏观经济政策。

本书根据技能型人才的培养目标和"应用为本、学以致用"的办学理念,贯彻"精、新、实"的编写原则,以"必需、够用"为度,精选必需的内容,其余内容引导学生根据兴趣和需要有目的、有针对性地自学。本书的编写突出了以下主要特点。

(1) 增加引入案例,更易激发学生的学习兴趣。

(2) 章后配有丰富的综合练习,学用结合可有效提升学习效果。

(3) 采用结构式描述,易读、易懂、易学、易记。

本书各章的基本体例结构如下。

(1) 内容提要:概括本章讲解的主要内容。

(2) 学习目标与本章重点:说明学习重点及学习收获。

(3) 关键术语:本章需要重点理解的关键词汇。

(4) 引入案例:目的是引入思维环境。

(5) 本章正文。

(6) 个案研究:穿插于正文中,通过个案加深对重点问题和难点问题的理解和掌握。

(7) 概念辨析:文中采用了大量的概念辨析栏目,将前后文知识进行对比,便于学习理解和加深记忆。

(8) 知识链接：在正文中介绍文中观点的来源或相关扩展知识，或介绍一些经济现象。

(9) 本章小结：对本章主要内容和知识点进行概要回顾。

(10) 本章内容结构：给出本章核心内容的体系结构。

(11) 综合练习：分别包括名词解释、选择题、简答题、简述题、分析讨论题、案例分析题、计算题、实践能力训练等题型中的若干类型。

(12) 阅读书目：每章后列出5～8本阅读书籍，给出了深入学习本章内容的参考书籍。

(13) 阅读文章：此类资料篇幅要大于个案研究，是相对比较完整的补充阅读材料，拓宽学生的知识面，加深对正文内容的理解和认识。

本书可以作为高职高专经济管理类各专业的宏观经济学教材，也可以作为非经管类专业学生及经济学爱好者学习宏观经济学的入门书籍。

本书由沈阳工学院（原沈阳理工大学应用技术学院）刘平教授起草写作大纲并担任主编，窦乐（沈阳工学院）、梁旭（辽宁中医药大学）、吴希（河南机电高等专科学校）担任副主编。全书由刘平教授统稿定稿。

本书在编写过程中参阅了大量的文献资料，为此向原作者表示诚挚的感谢。本书作者力图在书中和书后参考文献中全面、完整地注明引用出处，但也难免有疏漏的地方，特别是个别段落文字引自网络，由于无从考证原文作者的真实姓名，无法注明出处，在此一并表示感谢。

写书和出书在某种程度上来说也是一种"遗憾"的事情。由于种种缘由，每每在书稿完成之后，总能发现有缺憾之处，本书也不例外。作者诚恳地希望读者在阅读本书的过程中，指出存在的缺点和不足，提出宝贵的指导意见，这是对作者的最高奖赏和鼓励。作者邮箱：liuping661005@126.com，在此谢谢广大读者的厚爱！

刘　平
2015年8月

目 录

第一章 导论 ………………………………………………………………… 1

    第一节 宏观经济学研究的基本内容 ……………………………………… 3
        一、经济学研究的两大基本问题 ……………………………………… 3
        二、宏观经济学的基本内容 …………………………………………… 4
        三、宏观经济学的主要观点 …………………………………………… 5
    第二节 宏观经济学的研究方法与分析工具 ……………………………… 7
        一、宏观经济模型 ……………………………………………………… 7
        二、实证分析与规范分析 ……………………………………………… 8
        三、均衡分析与边际分析 ……………………………………………… 10
        四、静态分析与动态分析 ……………………………………………… 11
    第三节 宏观经济学的由来与演变 ………………………………………… 12
        一、宏观经济学的由来 ………………………………………………… 12
        二、宏观经济学的演变 ………………………………………………… 14
        三、宏观经济学与微观经济学的联系与区别 ………………………… 15
    本章小结 ……………………………………………………………………… 18
    本章内容结构 ………………………………………………………………… 19
    综合练习 ……………………………………………………………………… 19

第二章 国民收入核算理论 ………………………………………………… 22

    第一节 国民收入核算体系 ………………………………………………… 23
        一、GDP 和 GNP ……………………………………………………… 23
        二、名义 GDP 与实际 GDP …………………………………………… 25
        三、国民收入的经济意义 ……………………………………………… 27
    第二节 国民收入核算的基本方法 ………………………………………… 28
        一、生产法核算国民收入 ……………………………………………… 29
        二、支出法核算国民收入 ……………………………………………… 29
        三、收入法核算国民收入 ……………………………………………… 30
        四、重要统计指标汇总 ………………………………………………… 31
    第三节 国民收入核算中的问题与纠正 …………………………………… 32
    阅读文章 资本主义国家计算国民收入的理论和实践 ………………… 35

本章小结 ··· 36
　　本章内容结构 ··· 37
　　综合练习 ··· 37

第三章　国民收入决定与调节理论 ··· 41

第一节　两部门经济中国民收入的决定 ··· 42
　　一、两部门经济的收入流量循环模型 ··· 42
　　二、两部门经济中国民收入的构成与均衡 ····································· 43

第二节　国民收入决定理论一般化 ··· 46
　　一、三部门经济中国民收入的决定 ··· 46
　　二、四部门经济中国民收入的决定 ··· 48

第三节　国民收入的变动与调节 ··· 51
　　一、国民收入的变动 ··· 51
　　二、国民收入的调节 ··· 53

　　本章小结 ··· 55
　　本章内容结构 ··· 56
　　综合练习 ··· 56

第四章　失业与通货膨胀理论 ·· 60

第一节　失业理论 ··· 60
　　一、失业及失业率 ··· 61
　　二、自愿失业与非自愿失业 ··· 62
　　三、自然失业率 ··· 64
　　四、失业的代价 ··· 64
　　五、降低失业的措施 ··· 65

第二节　通货膨胀理论 ··· 66
　　一、通货膨胀的含义 ··· 66
　　二、通货膨胀的衡量 ··· 66
　　三、通货膨胀的分类 ··· 67
　　四、通货膨胀的原因 ··· 68
　　五、通货膨胀对经济的影响 ··· 71
　　六、治理通货膨胀的政策 ··· 73

第三节　失业与通货膨胀的关系 ··· 74
　　一、菲利普斯曲线的含义 ··· 74
　　二、菲利普斯曲线的应用 ··· 75
　　三、短期与长期菲利普斯曲线 ··· 75

本章小结 ………………………………………………………………………… 78
　　本章内容结构 ……………………………………………………………………… 79
　　综合练习 ………………………………………………………………………… 79

第五章　经济周期与经济增长 ……………………………………………… 82

第一节　经济周期及其成因 …………………………………………………… 83
　　一、经济周期的含义及特征 ……………………………………………… 83
　　二、经济周期的解释 ……………………………………………………… 86

第二节　经济增长模型 ………………………………………………………… 87
　　一、经济增长的含义 ……………………………………………………… 87
　　二、经济增长的源泉 ……………………………………………………… 88
　　三、经济增长理论演变轨迹 ……………………………………………… 91

第三节　经济增长是非论 ……………………………………………………… 93
　　阅读文章　宏观经济增长模型简介 …………………………………………… 95
　　本章小结 ………………………………………………………………………… 97
　　本章内容结构 ……………………………………………………………………… 98
　　综合练习 ………………………………………………………………………… 98

第六章　宏观经济政策理论 …………………………………………………… 100

第一节　宏观经济政策概述 …………………………………………………… 101
　　一、宏观经济政策目标 …………………………………………………… 102
　　二、宏观经济政策工具 …………………………………………………… 103

第二节　财政政策 ……………………………………………………………… 104
　　一、财政的基本构成 ……………………………………………………… 104
　　二、财政政策的运用 ……………………………………………………… 107
　　三、内在稳定器 …………………………………………………………… 107
　　四、赤字财政政策 ………………………………………………………… 108
　　五、挤出效应和财政政策效果 …………………………………………… 109
　　六、财政政策的局限性 …………………………………………………… 110

第三节　货币政策 ……………………………………………………………… 111
　　一、货币与银行制度 ……………………………………………………… 111
　　二、货币政策的工具与运用 ……………………………………………… 112
　　三、货币政策理论 ………………………………………………………… 116
　　四、货币政策的局限性 …………………………………………………… 117

第四节　两种政策的混合使用 ………………………………………………… 118
　　阅读文章　我国房地产宏观调控政策回顾 …………………………………… 121

本章小结 …………………………………………………………… 125
本章内容结构 ……………………………………………………… 126
综合练习 …………………………………………………………… 126

结束语 美国自由市场经济与国家干预的博弈 …………………………… 129

附录A 历届诺贝尔经济学奖得主及成就（1969—2014）………………… 135

附录B 经济学国内外经典教材及阅读书目简介 ………………………… 140

参考文献 ……………………………………………………………………… 146

第一章

导　论

【内容提要】

本章是宏观经济学理论的先导知识,首先阐述宏观经济学研究的基本内容和本书的主要内容;然后介绍宏观经济学的主要研究方法和分析工具;最后介绍宏观经济学的由来和演变,以及与微观经济学的联系和区别。

【学习目标与重点】

(1) 掌握宏观经济学研究的基本内容、主要研究方法和分析工具。

(2) 重点掌握宏观经济学与微观经济学的联系与区别。

(3) 了解宏观经济学的由来和演变、相关理论与代表人物。

【关键术语】

宏观经济学;经济模型;均衡分析;边际分析;实证分析;规范分析

【引入案例】

自由市场经济也需要国家干预

美国是最大的自由市场经济国家,然而,自20世纪20年代末美国经济出现大萧条而导致美国政府进行大面积的经济干预后,国家干预就一直不断。尽管有米尔顿·弗里德曼这样的经济学大师不遗余力地号召政府减少干预,但是每次经济出现危机,政府干预总会相随而来。由2007年美国次贷危机引发的金融危机,最终演变成全球经济衰退,美国政府也采取了自罗斯福新政以来最为庞大的政府干预经济措施,而刺激消费及消费信贷成为美国拯救经济危机的核心。

正如任何一次灾难的影响都会如漩涡般逐渐由外围卷入核心地带,自2007年中爆发的美国次贷危机,引发了美国各大金融机构纷纷大规模冲销相关资产,当这一系列坏消息因贝尔斯登的贱卖而被画上一个逗号时,华尔街仍未迎来最严重的打击。

2008年9月,一个月的时间里,房利美、房地美和AIG被美国政府接管,雷曼兄弟申请破产保护、等待清算,美林被并入美国银行……至此,美国五大投行已有三家失去自我,几乎所有金融机构人人自危,但句号似乎仍未画上。

2008年9月7日,美国政府宣布接管陷入困境的、有"第二美联储"之称的房利美(Fannie Mae)和房地美(Freddie Mac)公司。当时许多媒体纷纷报道称,"这是自2007年8月美国次贷危机全面爆发以来,美国政府所采取的规模和意义都最为重大的一次救市行动,也是自罗斯福新政以来最为庞大的政府干预经济措施,标志着次贷危机开始步入高潮。"

然而,时隔不到两周,9月16日晚,即美联储在拒绝雷曼兄弟的求助申请,任其破产的次日,美国政府以类似接管"两房"的手法变相地接管了资产过万亿美元的、世界上最大的金融保险巨擘美国国际集团(AIG)。在随后的半年之内,援助金额已由当初的850亿美元上升至1 800亿美元。

针对这场新一轮的金融风暴,不仅美国在奋力救市,包括中国、日本、俄罗斯以及欧洲各国等在内的众多国家的政府与央行为防止美国金融危机向本国蔓延,纷纷出手救市。

中国日报网环球在线消息:北京时间2008年10月4日凌晨1:25,美国国会众议院以263票赞成、171票反对的表决结果通过了备受瞩目的7 000亿美元救市方案(TARP)。时任总统布什随后在白宫签署了《2008年紧急经济稳定法案》,这标志着美国历史上最大规模的救市计划正式启动。

新浪财经讯:北京时间2008年10月13日晚消息,法国、德国、西班牙、荷兰和奥地利政府周一均推出了银行拯救计划,总金额达1.3万亿欧元(约合1.8万亿美元),旨在担保银行间贷款及收购银行股份,从而阻止金融系统陷入崩溃。

2008年11月10日,中国政府出台了4万亿元人民币的刺激经济增长计划,并列出十项刺激措施。同时,"稳健"的财政政策和一贯"从紧"的货币政策也转为"积极"和"适度宽松"。

2008年12月3日,CCTV《第一时间》栏目报道称,时任总统布什近日接受了美国广播公司ABC的采访。在采访中布什说:"我对目前的经济状况感到遗憾,我不希望看到人们失去工作或者是为自己的退休金担忧;另一方面,美国民众要了解到政府会保护金融体系。我的意思是,我们已经采取措施。如果需要的话,我们将采取更多措施。"

新浪财经讯:北京时间2008年12月19日晚消息,布什政府今天宣布,将于2008年12月和2009年1月分批向通用汽车和克莱斯勒提供134亿美元的短期贷款,这笔贷款将来自于旨在拯救金融业的财政部不良资产救助计划(TARP)的第一部分资金。此外,如果国会发放了TARP的第二部分3 500亿美元资金,则政府还将于2009年2月从TARP中拨出另外40亿美元资金用于救助这两家公司。

2009年,美国三大汽车巨头也陷入了破产的边缘。美国次贷危机已从金融领域开始蔓延到实体经济领域。一时间,全球金融与经济市场人心惶惶,次贷危机何时见底?其他大型金融机构与实体企业的命运如何?谁又会是下一个贝尔斯登或雷曼?投资者都在屏息关注。

点评:

通过美国的实践进一步证明,自由市场经济通常是有效的,但也会出现市场失灵,这时就需要国家干预。但如何干预和干预到什么程度,需要在理论上不断探索和实践中不断尝试。这对我国实行的有中国特色的社会主义市场经济也有重要的借鉴作用。这是一个需要长期研究、不断深化的重大课题。

摘编自:刘平.世界大行动:救市进行时[M].北京:电子工业出版社,2009.

我们在实际生活中经常遇见这些问题:一国的总产出水平和就业量是由什么决定的?决定一国经济增长的因素有哪些?是什么引起一国经济的波动?是什么导致了失业?为什么会产生通货膨胀?全球经济体系对一国国民经济的运行有何影响?宏观经济

政策如何才能改善一国的经济运行状况？等等。对上述问题的探讨和分析构成了宏观经济学的主要内容。换句话说，宏观经济学就是回答这些问题的学问。

第一节 宏观经济学研究的基本内容

宏观经济学(Macroeconomics)是以国民经济总过程的活动为研究对象，着重考察和说明国民收入、就业水平、价格水平等经济总量是如何决定、如何波动的，故又被称为总量分析或总量经济学。

一、经济学研究的两大基本问题

资源是稀缺的，但具有多种用途和用法，应当进行选择，使资源配置最优化。经济学就是在一定经济制度和经济体制条件下，研究稀缺资源的有效配置与利用，在有限资源的各种可供利用的组合中，进行选择的科学。因此，可以说经济学就是选择的科学。

个案研究 1-1

2013 年中央和地方财政预算

2013 年全国公共财政收入安排 12.7 万亿元，比 2012 年预算执行数（下同）增长 8%；全国公共财政支出安排 13.8 万亿元，增长 10%。收支差额 1.2 万亿元，增加 4 000 亿元，赤字率为 2% 左右。

教育支出 4 132.45 亿元，增长 9.3%；科学技术支出 2 529.91 亿元，增长 10.4%；文化体育与传媒支出 540.54 亿元，增长 9.3%；医疗卫生支出 2 602.53 亿元，增长 27.1%；社会保障和就业支出 6 550.81 亿元，增长 13.9%；住房保障支出 2 229.91 亿元，比上年预算数增长 5.3%，比上年执行数下降 14.3%；农林水事务支出 6 195.88 亿元，比上年预算数增长 12.8%，比上年执行数增长 3.3%；节能环保支出 2 101.27 亿元，比上年预算数增长 18.8%，比上年执行数增长 5.1%；交通运输支出 3 973.86 亿元，增长 0.1%；国防支出 7 201.68 亿元，增长 10.7%；公共安全支出 2 029.37 亿元，增长 7.9%；一般公共服务支出 1 350.58 亿元，增长 1.5%。

摘编自：中央政府门户网站 http://www.gov.cn/2013lh/content_2357871.htm

1. 资源配置问题

在个案研究 1-1 中，有限的财政收入分别投入到了教育、科技、文体、卫生、社保、住房保障、农林水利、交通运输、国防等不同的领域，且资金投入量各不相同，这就涉及资源配置与选择的问题。对稀缺资源如何进行合理的配置和利用，实际上就是要回答以下 5 个经济学的基本问题。

(1) 生产什么？（产品）

(2) 如何生产？（生产要素组合，用什么方法）

(3) 为谁生产？（分配，如何分配）

(4) 生产多少？（数量）

(5) 何时生产？（时间）

2. 资源利用问题

稀缺的资源如何进行充分利用？这就是资源利用的效率问题了。所谓效率是指社会如何最有效地利用资源以满足人们的愿望和需要。事实上，既存在资源稀缺，又存在资源浪费，而且资源的浪费可能很严重。

课堂讨论：

请同学们举例说明身边资源浪费的现象。

二、宏观经济学的基本内容

宏观经济学以整个国民经济作为研究对象，研究经济总量的决定及其变化规律。具体来说，就是研究国民收入决定和变动；长期的经济增长和短期的经济波动；以及相关的通货膨胀、失业和国际收支等问题。宏观经济学通过经济总量的分析以期为政府制定宏观经济政策提供理论依据。

宏观经济学通过对国民经济系统总量的考察，特别是通过对一国经济系统的国民产出总量、价格总水平和就业水平的分析，说明这些总量是如何决定的；研究怎样使一国的总产出达到最大值，即潜在水平或充分就业水平；研究制约一国国民产出增长的主要因素、增长规律以及长期趋势中为什么会呈现出周期性波动；研究决定一般物价水平的因素，以及它在较长一段时期内发生通货膨胀或通货紧缩的原因和稳定物价的政策；在开放经济条件下，宏观经济学还要研究怎样兼顾目标和改善国际收支目标。

宏观经济学的基本内容主要包括理论分析（宏观经济理论）和政策研究（宏观经济政策）两部分。

(1) 宏观经济理论包括国民收入决定理论、消费函数理论、投资理论、货币理论、失业与通货膨胀理论、经济周期理论、经济增长理论、开发经济理论。

(2) 宏观经济政策包括经济政策目标、经济政策工具、经济政策机制（即经济政策工具如何达到既定的目标）、经济政策效应与运用。

概念辨析 1-1

理论分析与政策研究

理论分析就是研究各经济总量的特点、影响因素及其变化规律。政策研究则是要研究宏观经济政策的内容、适用条件及作用特点。理论分析是政策研究的基础与前提，政策研究则是理论分析成果的具体运用。

宏观经济学的具体内容主要包括经济增长、经济周期波动、失业、通货膨胀、国家财政、国际贸易等方面，涉及国民收入及全社会消费、储蓄、投资及国民收入的比率，货币流通量和流通速度，物价水平，利息率，人口数量及增长率，就业人数和失业率，国家预算和赤字，出入口贸易和国际收入差额等。

现代宏观经济学是为国家干预经济的政策服务的。第二次世界大战后，凯恩斯主义宏观经济政策在西方各国得到广泛的运用，在相当大的程度上促进了经济的发展，但是，国家对经济的干预也引起了各种问题。

本书主要涉及国民收入核算理论、国民收入决定与调节理论、就业理论、通货膨胀理论、经济周期理论、经济增长理论、经济政策理论等。

宏观经济学的研究核心是两大线索,即经济周期(商业周期)和经济增长,前者是研究产出、就业和价格的短期波动;后者研究产出和生活水平的长期变动趋势。

宏观经济学的主要目标包括以下几点。

(1) 高水平的和快速增长的产出率。
(2) 高就业,低失业率。
(3) 稳定的或温和上升的价格水平。
(4) 国际收支的基本平衡。

三、宏观经济学的主要观点

宏观经济学研究的一个中心问题就是国民收入的水平是如何决定的。宏观经济学认为,国民收入的水平反映着整个社会生产与就业的水平。

宏观经济学在解释经济周期时,强调投资变动的关键作用,认为投资的变动往往比消费的变动来得大,指出投资在相当程度上既是收入变动的原因,也是其结果。它在"解释"投资的变动与国民收入变动之间的关系时,提出了"加速数"和"乘数"相互作用的学说。

概念辨析 1-2

加速数原理与乘数论

加速数原理与乘数论所要说明的问题各不相同。乘数论是要说明投资的轻微变动何以会导致收入发生巨大的变动,而加速数原理则要说明收入的轻微变动为何也会导致投资发生巨大变动。但二者所说明的经济运动又是相互影响、相互补充的。

宏观经济学正是利用所谓加速数和乘数的相互作用,来解释经济的周期性波动。在经济危机的条件下,生产和销售量下降,加速数的作用会使投资急剧下降,而乘数的作用又使得生产和销售进一步急剧下降,后者再通过加速数的作用使投资成为负数(或负投资)。

加速数和乘数的相互作用,加剧了生产萎缩的累积过程。一旦企业的资本设备逐渐被调整到与最低限度的收入相适应的水平,加速数的作用会使负投资停止下来,投资状况的稍许改善也会导致收入重新增长,于是一次新的周期便重新开始。收入的重新增长,又通过加速数的作用,导致新的"引致投资";后者又通过乘数的作用,促使收入进一步急剧增长,这便开展了经济扩张的累积过程。这个累积过程会把国民经济推到"充分就业"的最高限,并反弹回来而转入衰退。

宏观经济学讨论的价格问题,是一般价格水平,而不是个别产品的价格问题。按照前面讲的"国民收入决定"论,一般价格水平主要取决于总需求水平。然而,总需求水平的变动一方面影响着货币的供求,另一方面也受货币供求变动的巨大影响。所以,货币分析在宏观经济学中具有重要的地位。

宏观经济学重视对货币供求的分析,不仅在于可通过对货币供给、利息率的调节去影响总需求,而且在于货币供给的变动与总的物价水平有着密切的关系。关于货币供给量与物价水平之间的关系,宏观经济学著作大多承袭传统的"货币数量说",只是略加修缀。

许多宏观经济学著作把货币数量说的基本观点跟"收入决定"论的基本观点联系起来,认为在经济达到"充分就业"的水平以前,货币供给的增加,其主要影响将表现在扩大"有效需求"、增加生产(或收入)上对价格水平的影响很小;只有当经济达到"充分就业"水平之后,这时闲置设备已全部使用,若再增加货币供给,已不能再促使产量增加,而只会产生过度需求,形成通货膨胀缺口,导致物价水平不断上升,酿成真正的"通货膨胀"。

这种分析,就是所谓货币分析与收入分析相结合的一个重要表现。这种分析表明,不仅政府开支和税收的变动,而且货币供给量的变动,都会对总需求水平(投资需求和消费需求)产生影响。这就为政府主要通过财政政策和货币政策对国民经济的活动进行干预,提供了理论依据。

宏观经济学认为政府应该而且能够通过运用财政政策、货币政策等手段,对总需求进行调节,平抑周期性经济波动,既克服经济衰退,又避免通货膨胀,以实现"充分就业均衡"或"没有通货膨胀的充分就业"。

财政政策和货币政策的运用,是相互配合、相互支持的;但在经济萧条、通货膨胀等不同时期或条件下,二者将采取扩张性或紧缩性的不同对策。

在萧条时期,采取扩张性的财政政策和货币政策。在财政政策方面,主要措施是减税和扩大政府的开支。减税可以使公司和个人的纳税后收入增加,从而刺激企业扩大投资和个人增加消费;而投资需求和消费需求的扩张将导致总需求增长,以克服经济萧条。

扩大政府开支,主要是扩大政府的购买或订货,增加公共工程经费和扩大"转移性支付",目的是通过扩大公私消费,刺激投资。这种扩张性财政政策势必导致财政赤字。根据凯恩斯的"有效需求学说",资本主义经济的常态是一种"小于充分就业均衡"。因而扩张性的赤字预算,也就成了第二次世界大战后西方国家政府的常备政策工具。

在货币政策方面,主要措施是扩大货币供给量和降低利息率。在公开市场上购进政府债券,把更多的准备金注入商业银行。商业银行的准备金增加后,就可扩大对企业和个人的贷款,从而扩大货币供给量,降低贴现率,刺激投资,从而增加总需求。

在通货膨胀时期,采取紧缩性的财政政策和货币政策。不论是财政政策还是货币政策,依然运用上面所介绍的那些政策工具,只是朝着和上述相反的方向,即按紧缩性方式而不是按扩张性方式来加以运用。

宏观经济学首先关注一国的经济增长。经济增长指的是一国生产潜力的增长。一国生产潜力的增长是决定其实际工资和生活水平增长率的关键因素。

宏观经济学建议采用适当的财政政策、货币政策、汇率政策,以及建立独立的中央银行等手段,以控制和解决通货膨胀问题。

课堂讨论:
请同学们讨论目前我国采取的财政政策和货币政策。

第二节 宏观经济学的研究方法与分析工具

宏观经济学的基本研究方法是总量分析方法。宏观经济学在其形成之初就强调，它不是研究特定企业、特定个人的经济行为，以及特定市场的供求对比情况，而是研究所有企业、所有个人所形成的总需求与总供给的对比情况。

但近年来，在宏观经济学领域出现了一种寻求宏观经济学微观基础的趋势，推崇的方法是将宏观分析建立在微观个体的基础上，来研究宏观总量的决定及其变动。因此，在总量分析的基础上，宏观经济学还采用了其他分析方法，如静态分析方法、比较静态分析方法以及动态分析方法；均衡分析方法和边际分析方法；流量分析方法和存量分析方法；实证分析方法和规范分析方法；短期分析方法和长期分析方法。总之，从分析方法来看，宏观经济学的发展趋势已越来越"动态化"和"长期化"。

一、宏观经济模型

1. 经济模型（Economic Model）

经济模型是一种分析方法，是指用来描述所研究的经济事物的有关经济变量之间相互关系的理论结构，主要用来研究经济现象间互相依存的数量关系，可以用文字语言、函数关系、公式或图形等形式来表示。其目的是反映经济现象的内部联系及其运动过程，帮助人们进行经济分析和经济预测，解决现实的经济问题。

以第三章第一节两部门经济中国民收入构成与均衡为例，从总供给角度来看，两部门经济的总供给可以表示为

$$AS = C + S \quad \text{或} \quad Y_s = C + S \tag{1-1}$$

式中，AS 表示总供给；Y 表示国民收入；C 表示消费；S 表示储蓄。

从总需求角度来看，两部门经济的总需求可以表示为

$$AD = C + I \quad \text{或} \quad Y_d = C + I \tag{1-2}$$

式中，AD 表示总需求；Y 表示国民收入；C 表示消费；I 表示投资。

两部门经济国民收入实现均衡的条件如下。

$$总供给 = 总需求$$

或

$$AS = AD$$

或

$$Y_s = Y_d \tag{1-3}$$

根据上面的分析，可以写为

$$消费 + 储蓄 = 消费 + 投资$$

或

$$C + S = C + I \tag{1-4}$$

即

$$I = S$$

2. 经济模型的主要分类

经济模型主要可以分为数理模型和计量模型。

(1) 数理模型：在数理经济学中所使用的经济模型。

特点：把经济学和数学结合在一起，用数学语言来表述经济学的内容。使用数学公式表述经济学概念，使用数学定理确立分析的假定前提，利用数学方程表述一组经济变量之间的相互关系，通过数学公式的推导得到分析的结论。

(2) 计量模型：在计量经济学中所使用的经济模型。

特点：把经济学、数学和统计学结合在一起，来确定经济关系中的实际数值。

主要内容：建立模型、估算参数、检验模型、预测未来和规划政策。

宏观经济计量模型包括根据各派宏观经济理论所建立的不同模型。这些模型可用于理论验证、经济预测、政策制定，以及政策效应检验。

知识链接 1-1

假设演绎法

假设演绎法在假设的纯粹状态中，演绎和推论出各种预想的结果，以求用一种简明的方式把复杂的现象联系起来。这种方法在经济分析中的运用，促成了包括变量、假设、假说、预测的理论模型的建立。

(1) 变量是指相互有关系的因素。

(2) 假设是指用来说明事实的限定条件的理论模型。

(3) 假说是指关于经济变量之间如何发生互相联系的判断。

(4) 预测是指根据理论假说对事物未来发展趋势和变化的方向、大小、程度等作出的判断，它是在理论限定的范围内用逻辑规则演绎出来的结果。

二、实证分析与规范分析

1. 实证分析

实证分析是一种描述性分析，只研究经济是如何运行的，给出客观事实并加以解释，不对是否符合某种价值标准做判断。如在其他条件不变时，汽车的价格下降20%，销售量变化吗？怎样变化？变化多少？厂商的收益会因此增加吗？如果没有增加，原因是什么？

(1) 实证分析不讲价值判断。

(2) 回答"是什么"的问题，即只描述不评价。

(3) 结论具有较强的客观性。

知识链接 1-2

微观中的实证分析

假如我们研究粮食与大炮增长的因素是什么，这种增长本身又具有什么规律等。通过研究我们发现，如果资本量和劳动量各增加1%，则粮食和大炮的产量也各增加1%。通过实践，也可以验证这一规律，证实这一结论。这就是实证分析，这一结论并不会因为人们关于粮食与大炮对社会意义的不同看法而改变。

2. 规范分析

规范分析以一定的价值判断或规范为标准,研究经济应当如何运行。如铁路部门在春运期间提高票价的这种做法对吗？人民币应该升值吗？汽车应该降价销售吗？

(1) 规范分析以价值判断为基础。
(2) 回答"应该是什么"的问题,需要做好坏的评价。
(3) 结论受不同价值观的影响。

知识链接 1-3

微观中的规范分析

假如我们研究粮食与大炮的增长到底是好事还是坏事。有人从增长会给社会经济带来增长的角度出发,认为增长是一件好事;有人从增长会给经济社会带来环境污染的角度出发,认为增长是一件坏事,体现了具有不同价值判断标准的人对这一问题的不同看法。实际上,粮食和大炮的增长既有好的影响,也有坏的影响,这两种观点谁是谁非有时很难讲清楚。

同样是研究粮食与大炮的增长问题,实证分析与规范分析显然是不同的。然而,实证分析与规范分析虽然两者目的不同,但却难以截然分开。如微观经济学主要采用实证分析,但微观经济学中的福利经济学、制度经济学的部分则采用规范分析;宏观经济学则主要采用规范分析。

概念辨析 1-3

定性分析与定量分析

定性分析是一种传统的分析方式,更多依赖于经验感觉、归纳演绎、抽象概括、综合分析等对事物的发展趋势和方向做出判断,具有化繁为简、化难为易的特点。具有直观性、通俗性强,无须经过复杂的考量和繁难的公式计算等优点,分析时效快、成本低。但这种方式的缺点也非常明显,即凭感觉随意性强,因而也就容易出现失误。

定量分析是随着20世纪兴起的运筹学、数量经济学、系统论等现代数学和信息技术手段而发展起来的新型分析方式和方法,更多依赖于数理统计分析等现代分析方法对事物的发展变化幅度做出量化的研究和判断,科学性与可操作性强,能够解决定性分析所不能解决的高难度复杂问题,容易传递。

但定量分析决策也有明显的不足,就是不能脱离定性分析而独立存在,离开对事物性质和本质的正确认识,再精细的分析方法也难以有效地发挥作用;有时也会显得画蛇添足。因此,要把定性分析与定量分析有机结合。

三、均衡分析与边际分析

1. 均衡分析

> **知识链接 1-4**
>
> **均衡的概念**
>
> 均衡是从物理学中引进的概念。在物理学中,均衡表示同一物体同时受到几个方向不同的外力作用而合力为零时,该物体所处的静止或匀速运动的状态。英国经济学家马歇尔把这一概念引入经济学中,主要指经济中各种对立的、变动着的力量处于一种力量相当、相对静止、不再变动的境界。
>
> 因此,经济学中的均衡指这样一种相对静止状态:经济主体不再改变其行为的状态。即经济行为人意识到改变决策行为(如调整价格、调整产量)已不能获得更多利益,从而不再有改变行为的倾向;或两种相反的力量势均力敌,使力量所作用的事物不再发生变化,前者如消费者均衡、生产者均衡,后者如均衡价格、均衡产量。

均衡分析是指经济变量达到均衡时的情况及实现条件。均衡分为局部均衡与一般均衡。局部均衡分析是指假定在其他条件不变的情况下,来分析某一时间、某一市场的某种商品(或生产要素)供给与需求达到均衡时的价格决定。一般均衡分析则是在各种商品和生产要素的供给、需求、价格相互影响的条件下,来分析所有商品和生产要素的供给和需求同时达到均衡时所有商品的价格如何被决定。

一般均衡分析是关于整个经济体系的价格和产量结构的一种研究方法,是一种比较周到和全面的分析方法,但由于一般均衡分析涉及市场或经济活动的方方面面,而这些又是错综复杂和瞬息万变的,使得这种分析非常复杂和耗费时间。所以在西方经济学中,大多采用局部均衡分析。

2. 边际分析

> **知识链接 1-5**
>
> **边际的概念**
>
> 在现代汉语中,边际是边缘、界限的意思。在经济学中,边际有额外的含义,指处于边缘时再增加一个单位所发生的变化,属于导数和微分的概念。
>
> 边际的含义就是因变量关于自变量的变化率,说得通俗点,就是指自变量变化一个单位时,因变量的变化情况。边际分析就是分析自变量变动与因变量变动的关系的一种方法。

边际分析是指运用微分方法研究经济中的增量变化,以分析各经济变量之间的相互关系及变化过程。通过对增量的对比来决定是否采取或取消一种经济行为,即把追加的支出和追加的收入相比较,二者相等时为临界点。如果组织的目标是取得最大利润,那么当追加的收入和追加的支出相等时,就能达到这一目标。

知识链接 1-6

微观中的边际量

边际分析法是经济学的基本研究方法之一,不仅在理论上,而且在实际工作中也起着相当大的作用。边际分析法广泛运用于经济行为和经济变量的分析过程中,微观中经常考虑的边际量有边际效用 MU、边际收入 MR、边际成本 MC、边际产量 MP、边际利润 MB 等。

边际分析法的特点如下。

（1）它是一种数量分析和变量分析。

（2）它研究微增量的变化及变量之间的关系,可精细分析各种经济变量间的关系及其变化过程,更严密。

（3）它是最优分析。边际分析实质上是研究函数在边际点上的极值。

（4）它是现状分析。对新出现的情况进行分析,即属于现状分析。这显然不同于总量分析和平均分析,总量分析和平均分析实际上是过去分析。

四、静态分析与动态分析

以是否考虑时间因素为标志,将宏观经济分析分为静态分析和动态分析两种。

1. 静态分析

静态分析是指分析经济现象的均衡状态以及有关的经济变量达到均衡状态所具备的条件,它完全抽象掉了时间因素和具体的变化过程,是一种静止地、孤立地考察某种经济事物的方法。这是一种根据既定的外生变量值求得内生变量值的分析方法。

静态分析法分析经济现象达到均衡时的状态和均衡条件,而不考虑经济现象达到均衡状态的过程。应用静态分析方法的经济学称为静态经济学。

比较静态分析是指研究外生变量变化对内生变量的影响方式,以及分析比较不同数值的外生变量下内生变量的不同数值。比较静态分析与静态分析一样抽象掉了时间。

从均衡状态的研究角度来看,比较静态分析考察当原有的条件发生变化时,原来的均衡状态会发生什么变化,并分析比较新旧均衡状态。但只对既成状态加以比较,不涉及条件变化的调整过程。

概念辨析 1-4

静态分析与比较静态分析的联系与区别

（1）从数学模型的角度

联系：二者都是根据外生变量求内生变量,且都不考虑时间因素。

区别：静态分析是根据既定的外生变量求内生变量;比较静态分析是根据变化了的外生变量求内生变量。

（2）从均衡的角度

联系：二者都是考虑均衡状态的特征（数值）。

区别：静态分析是考察既定条件下变量达到均衡时的特征;比较静态分析是比较新旧均衡点的分析方法。

宏观经济学中的许多问题都是通过均衡分析方法解决的，如总产出的决定、价格水平的决定等。政府对宏观经济的影响（政策效应）是通过比较静态均衡方法解决的。静态均衡，从几何方法看，就是通过两条曲线的交点决定均衡值。

2. 动态分析

在经济学中，动态分析是对经济变动的实际过程所进行的分析，其中包括分析有关变量在一定时间过程中的变动，这些经济变量在变动过程中的相互影响和彼此制约的关系，以及它们在每一个时点上变动的速率等。动态分析法的一个重要特点是考虑时间因素的影响，并把经济现象的变化当作一个连续的过程来看待。

动态分析因为考虑各种经济变量随时间延伸而变化对整个经济体系的影响，因而难度较大，在微观经济学中，迄今占有重要地位的仍是静态分析和比较静态分析方法。在宏观经济学中，特别是在经济周期和经济增长研究中，动态分析方法占有重要的地位。

概念辨析 1-5

动态分析与静态分析的区别

静态分析与动态分析是两种分析方法，有着本质的区别，二者分析的前提不同，适用的条件也不同，因此二者得出的结论常常不一致，甚至常常相反。必须记住的是：静态分析的结论是不能用动态资料来验证的，也不能用动态资料来证伪。

动态分析加进了时间因素，考察时间变化而使经济均衡调整的路径或过程。

实际上，宏观经济学的研究方法在本质上与微观经济学并没有区别。但由于研究对象和范畴的差异，宏观经济学的研究方法有其自身的特点。

第三节 宏观经济学的由来与演变

一、宏观经济学的由来

"宏观经济学"一词，最早是由挪威经济学家弗瑞希在1933年提出来的。经济学中对宏观经济现象的研究与考察，可以上溯到古典学派。法国重农学派创始人魁奈1758年发表的《经济表》，是经济学文献对资本主义生产总过程的初次分析。

知识链接 1-7

萨伊定律与古典经济模型

萨伊是18世纪末19世纪初的法国著名经济学家。他认为，商品的买卖实际上只是商品和商品的交换。在交换中，货币只是在一瞬间起了媒介作用，卖者得到了货币，马上又会购买商品，所以卖者同时就是买者，即供给者就是需求者。一种产品的生产给其他产品开辟了销路，供给会创造自己的需求，不论产量如何增加，产品都不会过剩，至多只是暂时的积压，市场上商品的总供给和总需求一定是相等的，这就是著名的萨伊定律。

> 古典宏观经济模型是对萨伊定律的全面论证。其基本观点是：由于价格机制是健全的，资本主义市场经济经常处于充分就业的状态。该模型主要内容包括总产出等于总供给，总供给主要取决于劳动力市场的供求状况；工资的灵活变动使劳动力市场实现充分就业均衡，从而使总产出量达到最大；利息率的灵活变动使投资与储蓄趋于一致；货币数量决定总需求，并在总供给不变的情况下，直接影响价格水平。

然而，在古典经济学家和后来的许多庸俗经济学家的著作中，对宏观经济现象和微观经济现象的分析都并存在一起，并未分清。特别是自所谓"边际主义革命"以来，经济学家大多抹杀经济危机的可能性，无视国民经济总过程中的矛盾与冲突，只注重于微观经济分析，以致宏观经济问题的分析在一般经济学著作中几乎被淹没了。

但随着传统庸俗经济学在20世纪30年代经济危机的袭击下破产，随着凯恩斯在《就业、利息和货币通论》(1936年)一书中提出国家干预经济思想，宏观经济分析才在凯恩斯的收入和就业理论的基础上，逐渐发展成为当代经济学中的一个独立的理论体系。

知识链接1-8

宏观经济学发展的4个阶段

宏观经济学的产生与发展，迄今为止大体上经历了4个阶段：①17世纪中期到19世纪中期，是早期宏观经济学阶段，或称古典宏观经济学阶段；②19世纪后期到20世纪30年代，是现代宏观经济学的奠基阶段；③20世纪30年代到60年代，是现代宏观经济学的建立阶段；④20世纪60年代以后，是宏观经济学进一步发展和演变的阶段。

现在西方经济学界开始企图用供给分析来补充需求分析的不足，在宏观经济分析中探讨微观经济基础，出现了一种供给分析与需求分析相结合、微观分析与宏观分析相结合的新动向。

凯恩斯(见图1-1)宣称：资本主义的自发作用不能保证资源的使用达到充分就业的水平，因此，资本主义国家必须干预经济生活以便解决失业和经济的周期性波动问题。为西方国家干预经济生活的政策奠定了理论基础。

凯恩斯革命主要表现在三个方面：①经济学研究的重点从稀缺资源最优配置转移到怎样克服资源闲置问题上来；②资本主义市场经济经常运行在小于充分就业的状态中；③政府应采取积极干预经济政策，促使充分就业的实现。凯恩斯理论的核心内容是有效需求理论。

图1-1 凯恩斯

从20世纪40—50年代以来，凯恩斯的理论得到后人的进一步拓展，使之不断完善和系统化，从而构成了凯恩斯宏观经济学的完整体系。这些拓展主要体现在希克斯和汉森同时创建的"IS-LM模型"、莫迪利安尼提出的"生命周期假说"、弗里德曼提出的"永久收入说"、托宾对投资理论的发展、索罗等人对经济增长理论的发展以及克莱因等人对宏观经济计量模型的发展。在众多经济学家的努力下,日臻完善的凯恩斯宏观经济理论与微观经济学一起构成了经济学的基本理论体系,这一理论体系也被称为"新古典综合派"。

二、宏观经济学的演变

第二次世界大战后,凯恩斯主义的流行使西方经济学出现漏洞:一方面,传统西方经济学以个量分析为主,奉行不干预政策;另一方面,凯恩斯则偏重分析总量,主张国家干预政策。如此,矛盾产生了。

于是,萨缪尔森(见图1-2)把微观理论和宏观理论综合在一起,建立了新古典综合派理论体系——现代流行的西方经济学主流体系。

萨缪尔森的主要观点如下。

(1) 传统的自由放任和凯恩斯的国家干预代表同一理论体系所涉及的两种不同情况。

(2) 现代资本主义为混合经济,由"私营"和"公营"两部分组成,前者的不足之处可以由后者加以弥补。前者的作用由微观经济学所分析,后者的必要性由宏观经济学所论证。

图1-2　萨谬尔森

微观经济学:包括第一次和第三次修改和补充的马歇尔创立的微观理论,研究个量问题,以充分就业为分析的前提,强调自我调节("看不见的手"),奉行不干预政策。

宏观经济学:包括第二次修改和补充内容的凯恩斯创立的宏观理论,考察总量问题,着重研究各种不同水平的就业量的情况,主张国家干预("看得见的手")。

马歇尔理论及三次修改与补充见表1-1和表1-2。

表1-1　资产阶级经济学发展阶段——马歇尔理论

	假设条件	目的	理论基础	主要结论	奉行政策
马歇尔理论,《经济学原理》,1890年	完全竞争、充分就业	理想化的资本主义模式	基数效用论	价格制度的自发调节作用能使资源达到最优配置	自由放任,国家不干预

表1-2　资产阶级经济学发展阶段——马歇尔理论三次修改与补充

	时间	代表人物	涉及问题	代表作	主要结论	奉行政策
第一次修改	1933年	张伯伦、罗宾逊	垄断问题	《垄断竞争理论》		
第二次修改	1936年	凯恩斯	马歇尔的假设条件和主要结论	《就业、利息和货币通论》	自发作用不能保证充分就业	国家干预
第三次修改	1939年	希克斯	价值论与一般均衡论	《价值与资本》	理论基础:序数效用论	

进入20世纪70年代,西方世界出现滞胀,即失业与通货膨胀并存(1973—1975年世

界性经济危机),给新古典综合派的宏观经济学部分以致命的打击。该学派理论表明:失业(经济活动小于充分就业)与通货膨胀(经济活动大于充分就业)不可能同时存在,与事实相悖。

按照新古典综合派的观点:解决失业,应增加支出,扩大需求,增加就业数量;解决通胀,应减少支出,降低需求,消除通胀。

在滞胀时,出现了自相矛盾:增加支出,扩大需求,增加就业,也会加剧通胀;减少支出,降低需求,消除通胀,也会加剧失业。

凯恩斯的宏观经济理论既不能在理论上对这种现象进行令人信服的解释,也不能在实践上提出有效的政策措施,其内在合理性和可解释性遇到了根本性的挑战,古典学派和凯恩斯理论的"综合"因而受到了许多经济学家的怀疑,其中以弗里德曼为代表的货币主义和以卢卡斯为代表的理性预期学派的影响最大。

理性预期学派认为,在理性预期下,市场能够自动出清,政府对经济的干预是没有必要的,这又回到了古典学派的主张,因此理性预期学派也被称为"新古典学派"。由于以弗里德曼为代表的货币主义的理论主张和新古典学派基本一致,货币主义往往也被看成新古典学派的一个组成部分。

此外,凯恩斯理论也在不断发展,在吸取了理性预期的某些研究成果后,出现了"新凯恩斯学派"。目前,宏观经济学的争论主要在新古典学派和新凯恩斯学派之间展开,其争论的主要内容集中在市场机制的有效性和政府干预经济的必要性两个方面,而且这种争论将继续进行下去。

于是,出现了许多新的经济学派别:如货币主义、理性预期学派、供给学派、新剑桥学派、新奥地利学派、新制度学派等,形成了西方现代经济学,如图1-3所示。

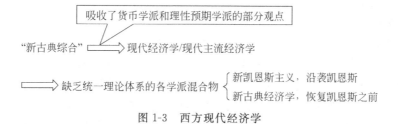

图1-3 西方现代经济学

然而,对资本主义经济最严重的"滞胀"问题只能在文字上加以描述和辩解,但仍提不出有效的对策和解决方案。

宏观经济理论的学派之争是宏观经济学的又一大特色,这也是与微观经济学不同的地方。

三、宏观经济学与微观经济学的联系与区别

宏观经济学(Macroeconomics):研究一个国家整体经济的运行,以及政府运用经济政策来影响整体经济等宏观经济问题。

研究对象:整个经济。(政府行为)

解决的问题:资源利用。

中心理论：国民收入决定理论。（一只有形的手——凯恩斯主义）

研究方法：总量分析。

宏观经济学研究作为整体的经济，包括诸如通货膨胀、失业和经济增长这样一些问题。宏观经济学问题包括解释为什么经济会经历衰退和失业不断增加的时期，以及为什么在长期内有些经济体比其他经济体增长快得多。宏观经济学也涉及政策问题，如政府干预能否降低衰退的严重性。

学习宏观经济学有助于我们理解以下问题。

国民产出水平是如何决定的？

利率下降时，投资会变化吗？

国民总产出受投资变化的影响吗？

为什么会有失业？

是什么原因使有的国家长期遭受高失业率的困扰，而有的国家失业率却很低？

什么因素引起了通货膨胀？又是什么因素决定了国民经济的长期增长？

为什么会出现有规律的波动？

……

知识链接 1-9

微观经济学

微观经济学（Microeconomics）：研究家庭和企业如何做出选择，它们如何在市场上相互作用，以及政府如何试图影响它们的选择。

研究对象：个别经济单位（居民户、厂商）的经济行为。

解决的问题：资源配置。

中心理论：价格理论。（一只看不见的手）

研究方法：个量分析。研究经济变量的单项数值如何决定。

概括起来，微观经济学的研究是在 3 个逐步深入的层次上进行的。一是研究单个消费者和单个生产者的最优决策问题。二是研究单个市场的价格决定问题。三是研究一个经济社会中所有单个市场的价格的同时决定问题。

微观经济学问题包括解释消费者如何应对产品价格的变化以及企业如何决定收取什么样的价格。微观经济学还涉及政策问题，如分析减少未成年人吸烟的最有效方法，分析批准销售一种新处方药的成本和收益，以及分析降低空气污染的最有效方法。

学习微观经济学有助于我们理解以下问题。

各种商品的价格是由什么因素决定的？

为什么有的产品（如大白菜）卖出去的数量多了，收益反而可能下降了；而有的产品（如石油）减少供给量，收益可能会上升？

工人的工资由什么决定？

为什么著名歌星的收入是著名科学家的很多倍，尽管后者对社会的贡献可能更大？

消费者怎样花费他的收入是最优的?

利润最大化的生产者应该怎样花费其成本,如何给产品定价?

为什么有的行业(如汽车行业)中厂商的规模很大而数量很少,而有的行业(如牙膏行业)数量很多但规模不大?

为什么电信运营商(如中国移动)可以给自己的服务定价,而客户只能被动地接收市场的价格?

……

微观经济学分析方法与手段。

与其他学科尤其是宏观经济学相比较,微观经济学在理论面貌和研究方法上有如下主要特点:即运用经济模型,以个量分析为基本方法,以个人利益最大化为目标,以边际分析为主要工具,以均衡状态分析为依托,以实证分析为主要手段。

宏观经济学的核心理论是国民收入决定理论,包括经济波动、经济增长、就业、通货膨胀、国家财政等。微观经济学的中心理论是价格理论,包括供求理论、消费者行为理论(效用论)、厂商行为理论(生产论和成本论)、市场理论、分配理论和福利理论。

宏观经济学与微观经济学的比较见表1-3。

表1-3 宏观经济学与微观经济学比较

比较项目	研究对象	解决的问题	中心理论	研究方法
微观经济学	个别经济单位的经济行为	资源配置	价格理论(看不见的手)	个量分析
宏观经济学	整个经济	资源利用	国民收入决定理论(一只有形的手)	总量分析

这两种经济运行的分析方法各有长处,相辅相成。总量要以个量为基础,但总量又并非个量的简单合成。

概念辨析 1-6

宏观经济学与微观经济学的联系

二者的联系具体表现在以下四个方面。

(1) 两者互相补充。

(2) 资源充分利用与合理配置是经济学的两个方面。

(3) 微观经济学是宏观经济学的基础。

(4) 两者共同构成了西方经济学的整体。

但是,微观经济学的本质是市场有效,市场万能。宏观经济学的基本假设是市场失灵,市场不完善,政府有能力。微观经济学主要研究资源配置,其基本结论是竞争性的市场经济将导致资源的最优配置。微观经济学的研究以资源的充分利用为前提。

而宏观经济学恰恰认为资本主义市场经济没有实现资源的充分利用,相反,出现了资源的闲置。因此,宏观经济学所要研究的是怎样克服资源的闲置,实现资源的充分利用。

> **概念辨析 1-7**
>
> **宏观经济学与微观经济学的区别**
>
> 二者的区别具体表现在以下五个方面。
>
> (1) 研究对象不同。微观经济学的研究对象是单个经济单位,如家庭、厂商等。正如美国经济学家亨德逊所说,居民户和厂商这种单个单位的最优化行为奠定了微观经济学的基础。而宏观经济学的研究对象则是整个经济,研究整个经济的运行方式与规律,从总量上分析经济问题。正如萨缪尔森所说,宏观经济学是根据产量、收入、价格水平和失业来分析整个经济行为。美国经济学家夏皮罗则强调了宏观经济学考察国民经济作为一个整体的功能。
>
> (2) 解决的问题不同。微观经济学要解决的是资源配置问题,即生产什么、如何生产和为谁生产的问题,以实现个体效益的最大化。宏观经济学则把资源配置作为既定的前提,研究社会范围内的资源利用问题,以实现社会福利的最大化。
>
> (3) 研究方法不同。微观经济学的研究方法是个量分析,即研究经济变量的单项数值如何决定。而宏观经济学的研究方法则是总量分析,即对能够反映整个经济运行情况的经济变量的决定、变动及其相互关系进行分析。这些总量包括两类,一类是个量的总和,另一类是平均量。因此,宏观经济学又称为总量经济学。
>
> (4) 基本假设不同。微观经济学的基本假设是市场出清、完全理性、充分信息,认为"看不见的手"能自由调节实现资源配置的最优化。宏观经济学则假定市场机制是不完善的,政府有能力调节经济,通过"看得见的手"纠正市场机制的缺陷。
>
> (5) 中心理论和基本内容也不同。微观经济学的中心理论是价格理论,还包括消费者行为理论、生产理论、分配理论、一般均衡理论、市场理论、产权理论、福利经济学、管理理论等。宏观经济学的中心理论则是国民收入决定理论,还包括失业与通货膨胀理论、经济周期与经济增长理论、开放经济理论等。

当然,微观经济学和宏观经济学之间的区分并不是严格且固定不变的。许多经济情况既涉及微观经济,也涉及宏观经济的层面。例如,企业投资于新机器和设备的总体水平有助于确定经济增长的速度——这是一个宏观经济问题。但要了解企业决定购买多少新的机器设备,我们又需要分析单个企业所面临的激励——而这是一个微观经济问题。

本章小结

经济学:研究稀缺资源的有效配置与利用,在有限资源的各种可供利用的组合中,进行选择的科学。

资源是稀缺的,但具有多种用途和用法,应当进行选择,使资源配置最优化。经济学研究的基本内容,即资源的有效配置和利用这两大基本问题。

对稀缺资源如何进行合理的配置和利用实际上就是要回答生产什么、如何生产、为谁生产、生产多少、何时生产5个经济学的基本问题。

宏观经济学是以国民经济总过程的活动为研究对象，着重考察和说明国民收入、就业水平、价格水平等经济总量是如何决定、如何波动的，故又被称为总量分析或总量经济学。

宏观经济学的研究方法与分析工具主要包括宏观经济模型、静态分析与动态分析、实证分析与规范分析、均衡分析与边际分析。

微观经济学的研究对象是个别经济单位（居民户、厂商）的经济行为。解决的问题是资源配置。中心理论是价格理论（看不见的手 Invisible hand）。研究方法是个量分析。

宏观经济学的研究对象是整个经济（政府行为）。解决的问题是资源利用。中心理论是国民收入决定理论（一只有形的手——凯恩斯主义）。研究方法是总量分析。

微观经济学的中心理论是价格理论，包括供求理论、消费者行为理论（效用论）、厂商行为理论（生产论和成本论）、市场理论、分配理论和福利理论。宏观经济学的核心理论是国民收入决定理论，包括经济波动、经济增长、就业、通货膨胀、国家财政等。

本书主要涉及国民收入核算理论、国民收入决定与调节理论、就业理论、通货膨胀理论、经济周期理论、经济增长理论、经济政策理论等。

本章内容结构

导论
- 宏观经济学研究的基本内容
  - 经济学研究的两大基本问题
  - 宏观经济学的基本内容
    - 宏观经济理论
    - 宏观经济政策
  - 宏观经济学的主要观点
- 宏观经济学的研究方法与分析工具
  - 宏观经济模型
  - 实证分析与规范分析
  - 均衡分析与边际分析
  - 静态分析与动态分析
- 宏观经济学的由来与演变
  - 宏观经济学的由来
  - 宏观经济学的演变
  - 宏观经济学与微观经济学的联系与区别

综合练习

一、名词解释

经济学　　宏观经济学　　资源配置　　资源利用　　实证分析　　规范分析
均衡分析　　边际分析　　经济模型

二、选择题

1. 经济学可定义为（　　）。

    A. 政府对市场制度的干预

    B. 企业取得利润的活动

    C. 研究如何最合理地配置稀缺资源于诸多用途

    D. 人们靠收入生活

2. 经济学研究的基本问题是( )。
   A. 怎样生产　　　　　　　　　　B. 生产什么,生产多少
   C. 为谁生产　　　　　　　　　　D. 以上都包括
3. ( )不是实证经济学命题?
   A. 美联储(FED)理事会2012年2月21日会议决定将贴现率维持在0.75%不变
   B. 德国2011年失业率降到了1991年以来的最低点,失业率为7.1%
   C. 联邦所得税对中等收入家庭是不公平的
   D. 社会保险税的课税依据现已超过30 000美元
4. 提出"看不见的手"原理的是( )。
   A. 约翰·梅纳德·凯恩斯　　　　B. 约翰·理查德·希克斯
   C. 亚当·斯密　　　　　　　　　D. 乔治·卡特利特·马歇尔
5. 属于规范分析表述的是( )。
   A. 由于收入水平低,大部分中国人还买不起小轿车
   B. 随着收入水平的提高,拥有小轿车的人越来越多
   C. 鼓励私人购买小轿车有利于促进我国汽车工业的发展
   D. 提倡轿车文明是盲目学习西方国家,不适于我国国情
6. 检验经济模型的方法是( )。
   A. 检验它的假设是否现实
   B. 比较它的预期结果与经验事实
   C. 由权威的领导人或经济专家作出结论
   D. 以上各项都是
7. 实证经济学与规范经济学的根本区别是( )。
   A. 是否包括价值判断　　　　　　B. 研究对象不同
   C. 研究范围不同　　　　　　　　D. 是否运用了归纳法
8. 研究单个居民与厂商决策的经济学称为( )。
   A. 宏观经济学　　B. 微观经济学　　C. 实证经济学　　D. 规范经济学
9. 在经济学中,下列情况不具有"均衡"含义的是( )。
   A. 实际购买的数量等于实际卖出的数量
   B. 一种稳定的状态
   C. 愿意购买的数量等于愿意卖出的数量
   D. 长期过剩或短缺
10. 其他条件不变,如果冰激凌价格上升,那么需求量将会如何变化?对这个问题的回答是( )。
    A. 静态均衡分析　　　　　　　　B. 比较静态均衡分析
    C. 动态分析　　　　　　　　　　D. 一般均衡分析

三、判断题
1. 如果各种经济资源都很充裕即不存在稀缺问题,那么就不需要经济学。( )

2. 经济学就是研究社会如何利用稀缺资源生产人类需要的产品和劳务的科学。
( )
3. 实证经济学主要强调"应该怎么样"。( )
4. 经济问题的根源在于稀缺现象。( )
5. 经济学研究的是稀缺资源的有效使用问题。( )
6. 经济学家的效率标准是国家财政收入最大化。( )
7. 市场经济是一个分散决策体系。( )
8. 计划经济是一个集中决策机制。( )
9. 微观经济学研究通货膨胀问题。( )
10. 宏观经济学研究污染治理问题。( )
11. 边际分析就是增量分析。( )
12. 均衡状态就是静止不变的状态。( )
13. 比较静态分析就是相对较为静态的分析。( )
14. 动态分析的任务是指出事物变化的时间过程。( )
15. 实证经济学给出的结果是能够验证的。( )
16. 理论就是一组假设。( )
17. 模型是对现实的抽象和简化。( )
18. 经济学家假设人们的经济选择是有目的的选择。( )

四、简答题

1. 为什么说稀缺性的存在与选择的必要引起了经济学的产生？
2. 为什么经济学的研究对象是经济资源的合理配置和充分利用问题？

五、简述题

1. 简述宏观经济学研究的基本内容。
2. 简述宏观经济学的主要观点。

推荐阅读

[1] 高鸿业. 西方经济学[M]. 5版. 北京：中国人民大学出版社,2011：第一章.
[2] 尹伯成. 西方经济学简明教程[M]. 7版. 上海：格致出版社,2011：第一章.
[3] 巴罗. 西方经济学：现代观点[M]. 沈志彦,等,译. 上海：格致出版社,2008：第一章.
[4] 厉以宁. 西方经济学[M]. 3版. 北京：高等教育出版社,2010：第一章.
[5] 刘秀光. 西方经济学原理[M]. 北京：清华大学出版社,2009：第一章.

第二章

国民收入核算理论

【内容提要】

从本章起介绍宏观经济学的基本原理。宏观经济学把社会总体的经济活动作为研究对象,所研究的是经济中的总量。国民收入就是衡量整个经济活动的一个重要指标。本章将着重介绍国民收入的核算体系与基本核算方法。

【学习目标与重点】

(1) 理解并掌握国内生产总值(GDP)及其名义量和实际量的区别。
(2) 了解其他几个国民收入指标。
(3) 掌握国民收入核算的支出法和收入法,了解核算的生产法。

【关键术语】

国内生产总值;国民生产总值;支出法;收入法

【引入案例】

GDP,20 世纪最伟大的发现之一

美国著名的经济学家保罗·萨缪尔森称:"GDP 是 20 世纪最伟大的发现之一"。没有 GDP 这个发明,我们就无法进行国与国之间经济实力的比较;贫穷与富裕的比较;我们就无法知道 2011 年我国的 GDP 总量(7.3 万亿美元)排在全世界的第 2 位,不足排名第 1 位的美国(15.1 万亿美元)的 1/2;没有 GDP 我们也无法知道我国人均 GDP 仅为 5 414 美元,排在第 89 位,最高为卢森堡(113 533 美元),美国为 48 387 美元,日本为 45 920 美元[①]。

没有 GDP 这个总量指标我们无法了解我国的经济增长速度是快还是慢,是需要刺激还是需要控制。因此,GDP 就像一把尺子,一面镜子,是衡量一国经济发展和生活富裕程度的重要指标。

如果你要判断一个人在经济上是否成功,你首先要看他的收入。高收入的人享有较高的生活水平。同样的逻辑也适用于一国的整体经济。当判断经济富裕还是贫穷时,要看人们口袋里有多少钱。这正是国内生产总值(GDP)的作用。

GDP 同时衡量两件事:经济中所有人的总收入和用于经济中物品与劳务产量的总支出。GDP 既衡量总收入又衡量总支出的秘诀在于这两件事实际上是相同的。对于一

---

① 引自《2011 世界 GDP 排名、人均 GDP 排名(IMF2012 年 4 月 17 日)》,http://wenku.baidu.com/view/cd78d34133687e21af45a938.html。

个整体经济而言,收入必定等于支出。这是为什么呢?

经济的收入和支出相同的一个原因就是一次交易都有两方:买者和卖者。如果你雇一个小时工为你做卫生,每小时10元,在这种情况下小时工是劳务的卖者,而你是劳务的买者。小时工赚了10元,而你支出了10元。因此这种交易对经济的收入和支出做出了相同的贡献。无论是用总收入来衡量还是用总支出来衡量GDP都增加了10元。由此可见,在经济中,每生产一元钱,就会产生一元钱的收入。

第一节 国民收入核算体系

一、GDP 和 GNP

宏观经济学研究整个社会的经济活动,首先要有定义和计量总产出或总收入的一套方法。国民收入核算就是研究这套方法。核算国民经济活动的核心指标是国内生产总值(GDP),因此,首先要弄清什么是GDP。

假设某企业在某年生产和销售500万美元制成品。能否说这500万美元产品价值都是这个企业生产的或者说创造的呢?不能,因为生产中必须消耗原材料、能源等。假定这个消耗是200万美元,则该企业新生产的价值充其量只有300万美元(其实这300万美元价值中还没有扣除厂房设备消耗即折旧的部分,这一点以后再说)。这300万美元的价值是该企业产品价值与从别的企业购进的原材料、能源等价值之间的差额。这个差额称为价值增值。这一增值部分才被认为是该企业在该年真正所生产的,真正贡献给社会的。因此说,该企业在某年的产出,是指价值增值。

举个例子说,假定一件上衣从生产到消费者最终使用共要经过5个阶段:种棉、纺纱、织布、制衣、销售。假设棉花价值15美元,并假定不再包含肥料、种子等价值(事实不可能,为说明问题需做这样的假定)。再假定棉花纺成纱售价20美元,于是纺纱厂生产的价值是5美元,即增值5美元。20美元纱织成布售价30美元,于是织布厂生产的价值是10美元,即增值10美元。30美元布织成成衣卖给售衣商为45美元,于是制衣厂生产的价值是15美元,即增值15美元。售衣商卖给消费者为50美元,于是售衣商在售卖中增值5美元。可见,这件上衣在5个阶段中的价值创造即增值共计:15+5+10+15+5=50美元,正好等于这件上衣的最后售价。像这种在一定时期内生产的并由其最后使用者购买的产品和劳务就称为最终产品,而棉花、纱、布等则称为中间产品,中间产品是指用于生产别种产品用的产品。

国内生产总值(Gross Domestic Product,GDP)是指经济社会(即一国或一地区)在一定时期内(通常为一年)运用生产要素所生产的全部最终产品(物品和劳务)的价值的总和,即社会总产品的价值扣除用于补偿消耗掉的生产资料价值的余额。在使用价值上,国民收入是由体现新创造价值的生产资料和消费资料所构成。创造国民收入的物质生产部门,有农业、工业、建筑业和作为生产过程在流通过程内继续的运输业、邮电业以及商业等。

国内生产总值包含以下几点含义。

(1) GDP 是一个市场价值的概念。各类最终产品的价值都是用货币加以衡量的。每个国家一年生产许多种产品,我们单一用产量来表示产出是没有任何意义的。例如 500 万台机器加上 100 万辆小轿车代表多少产出呢?如果我们用各自的产量乘以各自的单价,这样我们就可以加总各种产品的价值以衡量产出了。

(2) GDP 测度的是最终产品的价值。在一定时期内生产的并由其最后使用者购买的产品和劳务被称为最终产品,那么用于再出售而供生产别种产品用的产品就是中间产品。因为最终产品的价值已经包含其生产过程中消耗掉的中间产品的价值,所以如果我们将所有产品价值加总,中间产品的价值就会被重复计算而高估实际产出水平。

(3) GDP 是一定时期内(通常为一年)所生产而不是所售卖掉的最终产品价值。若某企业年生产 100 万美元产品,只卖掉 80 万美元,所剩 20 万美元产品可看做企业自己买下来的存货投资,也应计入 GDP;相反,如果生产 100 万美元产品,却卖掉了 120 万美元产品,则计入 GDP 的仍是 100 万美元,只是库存减少了 20 万美元而已。

(4) GDP 是计算期内(如 2011 年)生产的最终产品价值,因而是流量而不是存量。流量是一定时期内发生的变量,存量是一定时点上存在的变量。GDP 只计入在计算期新生产的最终产品的价值。例如,某人花了 200 万美元买了一幅凡·高的"向日葵",包括 198 万美元的油画价值和 2 万美元的经纪人费用,那么这 198 万美元不能计入 GDP,因为它在生产年份已经计算过了,但 2 万美元的经纪费用可以计入,因为这笔费用是经纪人在买卖旧画过程中提供的劳务报酬。

(5) GDP 是一国范围内生产的最终产品的市场价值,是地域概念,只要在计算期内,在该地域范围内,不管是否为本国国民所创造的,利用生产要素生产的所有最终产品和服务的价值都要计入该地域的 GDP。例如,一个在日本工作的美国公民的收入要计入日本的 GDP。而与此相联系的 GNP 是国民概念,指一个国家所拥有的全部生产要素在一定时期内所生产的所有最终产品和服务的市场价值总和。按照国民原则,凡是本国国民(指常住居民,包括本国公民以及常住外国但未加入外国国籍的居民)所创造的收入,不管生产要素是否在国内,都要计入该国的 GNP。例如,联想美国分公司所生产的价值要计入中国的 GNP。在按国民原则计算国民生产总值时,要在国内生产总值的基础上加上国外要素支付净额(本国国民和企业在国外取得的要素收入减去外国国民和企业在本国取得的要素收入,用字母 NFP 表示)。

概念辨析 2-1

GDP 与 GNP

反映国民收入的两个主要统计数字是本地生产总值(GDP,即国内生产总值)及本地居民生产总值(GNP,即国民生产总值),前者计算一段特定时期本地进行的生产,而后者则计算本地居民的总体收入。

(6) GDP 一般仅指市场活动导致的价值,非市场活动不计入 GDP。因为只有市场活动才有价格,才可以衡量其价值。例如,一位知名厨师在一家五星级酒店工作,提供一顿晚餐的价格 5 000 美元,这 5 000 美元要计入当年的 GDP;而在周末,他请好友到家里品尝他做的晚餐,那么这顿晚餐的价值就不能计入 GDP。

上述例子不仅说明了产出是指增值,或者说产出等于新增价值,而且还说明产出总是等于收入,以及产出总是等于支出。从上述分析中可知,总产出等于总支出,因此,GDP 也可以通过核算整个社会在一定时期内购买最终产品的支出总和来求得。这种方法称为支出法。从上述分析中还知道,总产出等于总收入,因此,GDP 还可通过核算整个社会在一定时期内获得的收入来求得。这种方法称为收入法,在下节中会有详细介绍。

知识链接 2-1

有关 GDP 的大事记

1. 20 世纪 30 年代,为弥补经济大萧条所揭示的信息鸿沟,西蒙·库兹涅茨开发了一套国民收入账户,即现在所称的 GDP 的雏形。

2. 20 世纪 40 年代,第二次世界大战的战时计划需要推动了国民生产总值和支出估计的发展;到 40 年代中期,国民经济账户已经发展成为统一的一套收入和产出账户,通过它就可以对整个经济进行全面的描述。

3. 20 世纪 50 年代后期至 60 年代早期,推动经济增长的欲望及其所带来的利益导致了官方投入产出表的发展,对资本积累(形成)的估计,以及对政府和个人收入更为细致、及时的估计。

4. 20 世纪 60 年代后期至 70 年代,加速的通货膨胀导致了改进的价格指数方法和剔除通货膨胀的实际产出的计算。

5. 20 世纪 80 年代,服务贸易的国际化导致了国民经济账户对国际服务贸易估算的扩展。

6. 20 世纪 80 年代,经济分析局(BEA)率先同美国国际商用机器公司(IBM)合作开发质量修正价格方法和核算的计算机产出方法。

7. 20 世纪 90 年代,经济分析局引进了更多的衡量价格和剔除通货膨胀以计算实际产出的方法,将计算机软件开发支出作为投资计算,修订了关于高科技产品和银行产出的核算方法。

二、名义 GDP 与实际 GDP

由于 GDP 是用货币来计算的,因此,一国 GDP 的变动由两个因素造成:一是所生产的物品和劳务的数量的变动;二是物品和劳务的价格的变动。当然,二者也常常会同时变动。为弄清国内生产总值变动究竟是由产量还是由价格变动引起,需要区分名义国内生产总值和实际国内生产总值。

名义 GDP(或货币 GDP)是用生产物品和劳务的当年价格计算的全部最终产品的市场价值。实际 GDP 是用从前某一年作为基期价格计算出来的全部最终产品的市场价格。举个简单的例子,2009 年一斤苹果卖 4 元,那么 2009 年这一斤苹果所核算出的名义 GDP 就是 4 元,但如果以 2000 年作为实际 GDP 的基年,当时一斤苹果卖 2 元,那么就是说 2009 年这一斤苹果核算出的实际 GDP 就是 2 元。

假设一套 100m² 住宅在 2000 年的售价是 20 万元,而 2009 年与其各种条件都相似的一套 100m² 的住宅售价是 100 万元。那么同类型的一套住宅,在 2009 年它的名义 GDP 是 100 万元,而它的实际 GDP 是 20 万元。对于国家经济而言,看似 2009 年 GDP 比 2000 年 GDP 增长了 400%,而实际上经济根本就没有增长。因为国家无论是在 2000 年还是在 2009 年都建造了同样的一套住宅,经济并没有任何增长。

这个例子中如果售价不变,但在 2009 年国家盖了两套这样的住宅,那么 2009 年相对于 2000 年的名义 GDP 增长率是 $(100 \times 2 - 20 \times 1) \div (20 \times 1) \times 100\% = 900\%$,而实际 GDP 增长率是 $(20 \times 2 - 20 \times 1) \div (20 \times 1) \times 100\% = 100\%$。

GDP 折算指数(或 GDP 消胀指数、GDP 平减指数)是名义 GDP 和实际 GDP 的比率。如果知道了 GDP 折算指数,就可以将名义 GDP 折算为实际 GDP,其公式为

$$实际 GDP = \frac{名义 GDP}{GDP 折算指数} \qquad (2\text{-}1)$$

由于价格变动,名义 GDP 并不反映实际产出的变动。因此,如果不作特殊说明,以后各章中所讲的产出,总是指实际 GDP,并以英文小写字母来表示实际 GDP 以及其他变量。例如,用 y、c、i、g 分别表示实际的产量(收入)、消费、投资和政府支出。

个案研究 2-1

中国和印度的经济增长比较

中国和印度的经济增长表现均非常抢眼,两国的飞速发展让世界感觉到了世界经济全球化在迅速推进。这两个国家成为世界上发展最快的经济体……以美元计算,在过去的五年(1999—2003)里,中国和印度的名义 GDP 增长平均速度分别为 8.3% 和 7.0%,而除中国和印度外的世界其他地区的经济增长只有 4%。

2003—2011 年,中国 GDP 年均实际增长 10.7%,其中有六年实现了 10% 以上的增长速度,在受国际金融危机冲击最严重的 2009 年依然实现了 9.2% 的增速。这一时期的年均增速不仅远高于同期世界经济 3.9% 的年均增速,而且高于改革开放以来 9.9% 的年均增速。2011 年,中国的名义 GDP 增长 9.2%,2010 年印度 GDP(FC) 的实际增长率为 9.0%,大大高于世界其他地区的经济增长率。

1. 两国在很多方面相似,但中国已把印度甩得很远

中国和印度这两个亚洲国家的相似之处很多,包括超过了 10 亿的人口和多年来作为传统贫穷的农业经济体。在 1982 年,中国人均名义 GDP 只有 275.4 美元,稍稍低于印度的人均 280 美元。然而 21 年之后,中国经济的增长速度远远超过了印度。在这段时期,中国实际 GDP 的增长率年平均超过了 9.7%,而印度只有 5.7%。

在 2003 年,作为强劲增长的结果,中国的 GDP 总量达到 1.4 万亿美元,是印度 5 750 亿的 2.5 倍;中国的人均收入是 1 087 美元,是印度人均收入的两倍。此外,如果以美元计算各国的名义 GDP,中国占据了世界 GDP 总额的 3.9%,而印度只占据了 1.6% 的份额;如果以购买力平价计算各国 GDP,中国为 12.6%,而印度为 5.7%。

到了 2011 年,二者差距进一步加大,中国 GDP 总量达到 7.3 万亿美元,是印度 1.7 万亿美元的 4.3 倍,中国人均 GDP 为 5 414 美元,是印度 1 389 美元的 3.9 倍。

2. 追赶的游戏：印度落后中国 15 年

如果印度的实际 GDP 增长能够维持目前 9% 的水平，印度的人均 GDP 将在 15 年后达到中国目前的水平，印度的 GDP 总量将在 16 年后达到中国目前的水平。如果印度和中国均保持 8% 的平均增长率长达 10 年，到 2020 年，两国以美元计算的名义 GDP 将分别达到 4 万亿美元和 17.3 万亿美元。

三、国民收入的经济意义

国民收入指标综合地反映一国的经济实力和社会生产力的发展水平，特别是一国按人口平均计算的国民收入额（人均 GDP），是反映该国经济发展水平和人民生活水平的一项重要的综合指标。

国民收入的生产结构和经济成分结构指标综合地反映一国的国民经济结构。国民收入指标综合地反映社会再生产中各种错综复杂的经济关系。在不同的生产方式下国民收入具有不同的社会性质，反映着不同的经济关系。

例如，在社会主义制度下，国民收入用于消费和积累的比例反映人民的目前利益和长远利益之间的经济关系；在资本主义制度下，劳动者的消费部分与资产阶级的消费和资本积累的部分之间的比例，则从一个侧面反映无产阶级和资产阶级之间的经济利益对抗的关系。

国民收入的生产、分配和使用中的各种比例关系，例如，消费基金和积累基金的比例关系及其内部各部分之间的比例关系，是社会再生产中重要比例关系，对社会再生产的发展起着重要作用。

国民收入是反映宏观经济效益的综合指标，例如，国民收入的增长额同积累额进行比较用以考察积累的经济效益等。由于国民收入扣除了物质消耗的因素，避免了社会总产品中生产资料消耗的价值的重复计算造成的虚假现象，因而能够比较准确地反映社会新增的物质财富。由于国民收入指标的经济意义，世界各国都在进行国民收入的计算和分析。

知识链接 2-2

国民收入增长因素

国民收入增长因素主要有以下 3 点。

1. 社会投入物质生产领域的劳动量的增加。在社会劳动生产率不变的条件下，国民收入的价值量和使用价值量同社会投入的劳动量成正比。投入的劳动量越大，国民收入的价值量和使用价值量就越大，反之，就越小。

2. 社会劳动生产率的提高。物质形态上的国民收入与社会劳动生产率的提高成正比，社会劳动生产率越高，国民收入增长得就越快。在社会投入物质生产领域的劳动量为一定的条件下，国民收入的使用价值量同社会劳动生产率成正比，社会劳动生产率越高，国民收入的使用价值量就越大，反之，就越小。

当社会劳动资源已得到较充分的利用、经济的发展达到较高水平的阶段时,发展科学技术,提高社会劳动生产率是增加国民收入的主要途径,也是增加按人口平均计算的国民收入的根本途径。

3. 生产资料利用的节约。这意味着社会总产品中用于补偿消耗了的生产资料的减少,从而使国民收入的使用价值量增加。节约生产资料可以用同量生产资料生产更多的社会总产品,从而使得同量社会总产品中国民收入所占的比重相对增大。

在这3个决定因素中,社会劳动生产率的提高是国民收入增长的最重要的因素。

知识链接 2-3

国民收入分配

国民收入的初次分配是在创造国民收入的物质资料生产部门的各方面当事人之间进行的。再分配则是在初次分配的基础上在物质生产部门与非物质生产部门之间、在国民经济各部门之间、各部分人员之间进行的。在非物质生产领域从事活动的人,如国家行政人员、军人、文化和艺术工作者、教师、医务人员等,他们的收入是通过国民收入再分配形成的。

一般来说,国民收入再分配是借助于税收、价格、保险费、国家预算等经济杠杆进行的。国民收入经过初次分配和再分配以后,形成各个阶级、各个社会集团、各部分人员、各个部门、各个方面的最终收入,最后作为消费基金和积累基金分别用于消费和积累。

第二节 国民收入核算的基本方法

本章第一节说到,核算GDP可以从3个不同角度或者说3种不同的方式来计算国内生产总值指标。

第一种是从生产的角度出发,可以把一个国家在一定时期内所生产的所有产出和服务的价值总和减去生产过程中所使用的中间产品的价值总和,获得GDP指标,用这种方法统计出来的价值总和反映的是一个国家在这一时期所有新创造的价值。这种方法被称为生产法。

第二种方法是从支出的角度出发,因为所有这些产出和服务都是提供给市场的,市场上的需求者(家庭、企业、政府和国外购买者)购买这些产出时就会有支出,因此我们又可以从总支出的角度测算国内生产总值,这种方法被称为支出法。

第三种方法是从收入的角度出发,因为所有产出都是通过货币计量的,并构成各生产单位所雇用的各种生产要素所有者的收入,因此可以从生产要素收入角度对GDP进行计量,这种方法被称为收入法。

下面从这3个角度分别来讨论GDP的测算问题。

一、生产法核算国民收入

生产法核算的国民收入就是一个国家在一个给定的时期内所生产的最终产品和服务的市场价值总和,也就是把一个国家在一定时期内所生产的所有产出和服务的价值总和减去生产过程中所使用的中间产品的价值总和,它的实质是把各生产阶段上所增加的价值相加来求得国民收入。以服装为例来说明这一问题(见表2-1)。

表 2-1　生产法核算国民收入(以服装为例)

生产阶段	产品价值	中间产品成本	增值
棉花	8	—	8
棉纱	11	8	3
棉布	20	11	9
服装	30	20	10
合计	69	39	30

在表 2-1 中,只有服装是最终产品,其余均为中间产品,在计算国民收入时,只计服装的价值 30,或计算在各生产阶段的增值(8+3+9+10),同样也是 30。如果按全部产品的价值计算则为 39(8+11+20)重复计算。

二、支出法核算国民收入

下面再从一个国家在一定时期内对最终产品和服务的总需求(即总支出)角度来测算 GDP 的数值,从支出角度测算 GDP,实质上是把实际经济生活中四大类对最终产品和服务的需求进行相加,包括个人消费支出、投资支出、政府对产品和劳务的购买以及产品和劳务的净出口。

个人消费(即家庭消费)支出(用字母 C 表示)包括购买耐用消费品(如小汽车、电视机、洗衣机等)、非耐用消费品(如食物、衣服等)和劳务(如医疗、旅游、理发等)的支出。建造住宅的支出则不包括在内,尽管它类似耐用消费支出,但一般将它包括在固定资产投资中。

投资支出(用字母 I 表示)是增加或替换资本资产(包括厂房、住宅建筑、购买机器设备以及存货)的支出。投资可分为固定资产投资和存货投资两大类,其中固定资产投资是用来增加新厂房、新设备、营业用建筑物即非住宅建筑物以及住宅建筑物的支出,也可将其划分为商业固定资产投资和住宅投资两类。同消费支出一样,投资支出也包括对国外生产的投资品的购买。存货投资指企业持有的存货价值的增加(或减少),当然,有时候并不是企业主动增加存货,而是因为企业不能成功地出售其产品而使存货增加。

投资是一定时期增加到资本存量中的新的资本流量,而资本存量则是经济社会在某一时点上的资本总量。若 2011 年某国家投资是 800 亿美元,该国 2011 年年末资本存量可能是 9 000 亿美元。由于机器、设备、厂房等会不断磨损,这 9 000 亿美元资本存量中也许每年都要消耗 300 亿美元,因此这 800 亿美元投资中就有 300 亿美元要用来补偿旧资本的消耗,新增加的投资实际上有 500 亿美元,这 500 亿美元被称为净投资,而另外的

300亿美元因为是用来重置资本设备的,故称为重置投资。净投资与重置投资的总和为总投资,用支出法计算GDP时的投资指的是总投资。一个钢铁厂若使用了40年,则每年都要耗费部分价值,40年后全部耗费掉。

政府对产品和劳务的购买(用字母G表示)是指各级政府购买商品和劳务的支出,如政府花钱设立法院、提供国防、建筑道路、开办学校等方面的支出,这些支出都作为最终产品计入国民收入。政府通过这些购买为社会提供服务,由于这些服务不是典型地卖给最终消费者,在计入GDP时,不是根据购买政府服务所费成本,而是根据政府提供这些服务所费成本计入。政府购买只是政府支出的一部分,政府支出的另一些部分如转移支付、公债利息等都不计入GDP。

产品和劳务的净出口(用NX表示)指出口额减去进口额以后的差额。用X表示出口,用M表示进口,则(X−M)就是净出口。本国购买的有些产品是别的国家生产的,这些进口产品应从本国总购买中减去;相反国内有些产品是卖到国外去的,这些出口产品应当加到本国总购买中去。因此,只有净出口才应计入总收入,它可能是正值,也可能是负值。

把上述4个项目加总,用支出法计算GDP的公式可写为

$$\text{GDP} = C + I + G + \text{NX} = C + I + G + (X - M) \tag{2-2}$$

三、收入法核算国民收入

收入法即通过把参加生产过程的所有生产要素的所有者的收入相加来获得GDP,也就是从企业生产成本看社会在一定时期内生产了多少最终产品的市场价值。但严格说来,产品的市场价值中除了生产要素收入构成的生产成本,还有间接税、折旧、公司未分配利润等内容,因此用收入法核算国内生产总值应当包括以下一些项目。

1. 工资、利息和租金等这些生产要素的报酬

工资包括所有对工作的酬金、补助和福利费,其中包括工资收入者必须缴纳的所得税及社会保险税(费)。利息在这里指人们给企业所提供的货币资金在本期的净利息收入,如银行存款利息、企业债券利息等,但政府公债利息及消费信贷利息不包括在内。租金包括个人出租土地、房屋等租赁收入及专利、版权等收入。

2. 非公司企业主收入

如医生、律师、农民和小店铺主的收入。他们使用自己的资金,被自我雇用,其工资、利息、利润、租金常混在一起作为非公司企业主收入。

3. 公司税前利润

其包括公司所得税、社会保险税、股东红利及公司未分配利润等。

4. 企业转移支付及企业间接税

这些虽然不是生产要素创造的收入,但要通过产品价格转嫁给购买者,故也应视为成本。企业转移支付包括对非营利组织的社会慈善捐款和消费者呆账,企业间接税包括货物税或销售税、周转税。

5. 资本折旧

这是资本的耗费,并不是生产要素收入,但包括在应回收的投资成本中,故也应计

入 GDP。

这样,按收入法核算所得的国民总收入＝工资＋利息＋利润＋租金＋间接税和企业转移支付＋折旧。它和支出法所得的国内生产总值从理论上说是相等的。但实际核算中常有误差,因而还要加上一个统计误差。

四、重要统计指标汇总

国民收入是一个综合性的宏观经济指标,它有广义和狭义之分,广义的国民收入泛指国内生产总值、国内生产净值、国民生产净值、国民收入、个人收入、个人可支配收入 6 个总量,及其相关指标;狭义的国民收入仅指国民收入。

1. 国内生产总值(GDP)

其含义在第一节中已说过,它计量一定时期内一个国家的所有的生产活动的价值。"某年某国产出多少?"就是指国内生产总值。国内生产总值中的"总"字意指在计算各个生产单位的产出时,未扣除当期的资本耗费即折旧,如果扣除资本耗费,那就是国内生产净值。

2. 国内生产净值(NDP)

国内生产净值指国内生产总值扣除了生产过程中的资本消耗即折旧以后的价值。"总"和"净"对于投资也具有类似意义。总投资是一定时期内的全部投资,即建设的全部厂房设备和住宅等,而净投资是总投资中扣除了资本消耗或者说重置投资部分。例如,某企业某年购置 10 台机器,其中 2 台用来更换报废的旧机器,则总投资为 10 台机器,净投资为 8 台机器。

3. 国民生产净值(NNP)

国民生产净值是国民生产总值扣除资本消耗即折旧以后的价值(而国民生产总值又等于国内生产总值加来自国外的要素净支付)。

4. 国民收入(NI)

这里的国民收入指按生产要素报酬计算的国民收入,是一国生产要素在一定时期内提供服务所获得的报酬的总和,即工资、利息、租金和利润的总和。从国内生产净值中扣除间接税和企业转移支付加政府补助金,就得到这一国民收入。企业间接税和企业转移支付虽构成产品价格,但不成为要素收入;相反,政府给企业的补助金虽不列入产品价格,但成为要素收入。故前者应扣除,后者应加入。

5. 个人收入(PI)

个人收入指个人实际得到的收入。生产要素报酬意义上的国民收入并不会全部成为个人的收入。例如,利润收入中要给政府缴纳公司所得税,公司还要留下一部分利润不分配给个人,只有一部分利润才会以红利和股息形式分给个人。职工收入中也有一部分要以社会保险费的形式上缴有关机构。另一方面,人们也会以各种形式从政府那里得到转移支付,如退伍军人津贴、工人失业救济金、职工养老金、职工困难补助等。因此,从国民收入中减去公司未分配利润、公司所得税及社会保险税(费),再加入政府给个人的转移支付,大体上就得到个人收入。

6. 个人可支配收入(DPI)

个人收入不能全归个人支配,因为要缴纳个人所得税,税后的个人收入才是个人可支配收入,即人们可用来消费或储蓄的收入。

个案研究 2-2

2012 年我国 GDP 等数据

初步核算,2012 年国内生产总值①为 519 322 亿元,比 2011 年增长 7.8%。其中,第一产业增加值为 52 377 亿元,增长 4.5%;第二产业增加值为 235 319 亿元,增长 8.1%;第三产业增加值为 231 626 亿元,增长 8.1%。第一产业增加值占国内生产总值的比重为 10.1%,第二产业增加值比重为 45.3%,第三产业增加值比重为 44.6%。

全年货物进出口总额为 38 668 亿美元,比上年增长 6.2%。其中,出口为 20 489 亿美元,增长 7.9%;进口为 18 178 亿美元,增长 4.3%。进出口差额(出口减进口)为 2 311 亿美元,比 2011 年增加 762 亿美元。

年末广义货币供应量(M_2)余额为 97.4 万亿元,比 2011 年年末增长 13.8%;狭义货币供应量(M_1)余额为 30.9 万亿元,增长 6.5%;流通中现金(M_0)余额为 5.5 万亿元,增长 7.7%。

全年农村居民人均纯收入 7 917 元,比 2011 年增长 13.5%,扣除价格因素,实际增长 10.7%;农村居民人均纯收入中位数②为 7 019 元,增长 13.3%。城镇居民人均可支配收入 24 565 元,比上年增长 12.6%,扣除价格因素,实际增长 9.6%;城镇居民人均可支配收入中位数为 21 986 元,增长 15.0%。农村居民食品消费支出占消费总支出的比重 39.3%,城镇为 36.2%。

摘编自:中华人民共和国 2012 年国民经济和社会发展统计公报,中华人民共和国国家统计局,2013 年 2 月 22 日。

第三节 国民收入核算中的问题与纠正

一般来说,一个国家的 GDP 数量,尤其是人均 GDP 数量(即把一个国家的 GDP 总量除以人口数量,即人均 GDP 数量)是衡量一个国家居民富裕程度的指标,同时也作为衡量一个国家居民经济福利水平的指标,但是有些经济活动是难以用 GDP 指标统计的,而有些被统计的经济活动在另一方面可能会对人类经济福利造成负面影响,所以使用 GDP 来衡量一个社会的经济福利水平并不是完美无缺的,甚至有很大的缺陷。

---

① 国内生产总值、各产业增加值绝对数按现价计算,增长速度按不变价格计算。
② 人均收入中位数是指将所有调查户按人均收入水平从低到高的顺序排列,处于最中间位置的调查户的人均收入。

> **知识链接 2-4**
>
> **GDP 不是万能的，但没有 GDP 是万万不能的**
>
> 从 GDP 的含义到它的计算方法不难看出，GDP 只是用来衡量那些易于度量的经济活动的营业额，不能全面反映经济增长的质量。美国罗伯特·肯尼迪（美国总统约翰·肯尼迪之弟）指出"GDP 衡量一切，但不包括使我们的生活有意义的东西"。这句话就是他在竞选总统的演说中对 GDP 这个经济指标的批评。他不是经济学家，但他的这段话颇受经济学家的重视。
>
> 越来越多的人包括非常著名的学者，对 GDP 衡量经济增长的重要性产生了怀疑。斯蒂格利茨曾经指出，如果一对夫妇留在家中打扫卫生和做饭，这将不会被计入 GDP，假如这对夫妇外出工作，另外雇人做清洁和烹饪工作，那么这对夫妇和佣人的经济活动都会被计入 GDP。说得更明白一些，如果一名男士雇用一名保姆，保姆的工资也将计入 GDP。如果这位男士与保姆结婚，不给保姆发工资了，GDP 就会减少。
>
> 德国学者厄恩斯特·B.冯·魏茨察克和两位美国学者艾莫里·B.洛文斯、L.亨特·洛文斯在他们合著的《四倍跃进》中对 GDP 在衡量经济增长中的作用更是提出了诘难，他们生动地写道："乡间小路上，两辆汽车静静驶过，一切平安无事，他们对 GDP 的贡献几乎为零。但是，其中一个司机由于疏忽，突然将车开向路的另一侧，连同到达的第三辆汽车，造成了一起恶性交通事故。'好极了'，GDP 说。因为，随之而来的是：救护车、医生、护士、意外事故服务中心、汽车修理或买新车、法律诉讼、亲属探视伤者、损失赔偿、保险代理、新闻报道等，所有这些都被看作正式的职业行为，都是有偿服务的。即使任何参与方都没有因此而提高生活水平，甚至有些还蒙受了巨大的损失，但我们的'财富'——所谓的 GDP 依然在增加"。
>
> 1998 年，湖北省遭遇水灾，该省的经济增长速度却提高了 13%。基于以上的分析，三位学者深刻地指出："平心而论，GDP 并没有定义成度量财富或福利的指标，而只是用来衡量那些易于度量的经济活动的营业额。"
>
> 尽管 GDP 存在种种缺陷，但这个世界上本来就不存在一种包罗万象、反映一切的经济指标，在我们现在使用的所有描述和衡量一国经济发展状况的指标体系中，GDP 无疑是最重要的一个指标。正因如此，所以说，GDP 不是万能的，但没有 GDP 是万万不能的。

（1）由于绝大多数产品通过市场进行交易，所以通常用市场价格来测度产品和投入品的市场价值。但在有些情况下，许多物品或服务的市场交易价格难以获得或根本不存在，如政府行政部门、军事部门、警察部门、海关、司法系统所提供的服务，在这种情况下只能用提供这些服务的成本来代替它的市场价格，但这样做会低估这类非市场经济活动的市场价值。

（2）GDP 指标没有对所有非市场的经济活动都进行统计，但这类活动对一个国家居民的生活质量来说，显得十分重要，从而造成对实际经济活动规模的低估，如家务劳动、子女对父母的照顾等。

(3) 由人均 GDP 表示的经济福利使用产出的市场价格来表示,因此两个国家即使有同样的人均 GDP 水平,却可能由于两个国家的价格水平不同,实际经济福利水平也不同。例如,在美国和中国,月收入同样为 2 000 美元的两个家庭,由于美国的物价普遍高于中国,在中国的家庭比美国的家庭要生活得好。因此,在这种情况下,人均 GDP 指标并不能完全反映不同国家居民生活水平的实际差异。

(4) GDP 指标无法反映由于闲暇时间和舒适程度的提高而带来的好处,这一缺陷极大地损害了 GDP 作为生活质量衡量标准的准确性。人们工作所带来的产出被计入了 GDP,但享受的闲暇无法计入 GDP。闲暇对于人们来说同工作一样重要,否则就会完全用工作来取代闲暇。如果一个国家的人民每天工作 6 小时就能够生产出另外一个国家的人民每天工作 12 个小时才能生产出来的 GDP,那么,这两个国家的人均 GDP 虽然一样,但生活质量有本质的差别。与上一代人相比,今天人们的劳动强度更小,工作环境更舒适,但这一点无法完全体现在 GDP 的增长中。

(5) 增加 GDP 的一些经济活动常常也是为了避免或遏止那些诸如犯罪或危害国家安全的"坏事"发生,并不能够提高社会的总体福利水平和生活质量。但是,防盗窗、大铁锁和警察保安这些方面的支出却能够预防和阻止生活质量的恶化。

(6) GDP 指标无法反映产出构成的变化,从而也无法反映产出构成的变化对社会福利的影响。例如在 GDP 没有发生变化的情况下,更多的黄油和更少的武器对社会福利的影响究竟意味着增加、减少还是不变呢?

(7) GDP 无法反映社会的分配问题。人均 GDP 是一个平均数,它并不反映一个国家国民收入的分配情况。如果一个国家是十分富有的,人均 GDP 很高,但是这个国家的收入分配极不平均,即少数人拥有这个国家的大部分财富和收入,贫富差距很大,那么这个国家居民的经济福利水平是比较低的。

(8) GDP 无法反映一个国家的自然资源拥有情况以及在环境保护等方面的工作,而这些对于一个国家居民的经济福利水平的影响也是十分重要的。针对传统 GDP 指标在价值计算上忽视和扭曲资源环境作为人类生存和社会经济活动物质基础的缺陷,有的环境经济学家提出了绿色 GDP 的概念。

所谓绿色 GDP 是指各国用以衡量扣除了自然资产(包括自然资源和环境)损失之后新创造的真实的国民财富总量核算指标。大体上有以下公式:

绿色 GDP ＝GDP － 自然资源消耗和环境退化损失 －(预防环境损害的支出
　　　　　＋资源环境恢复费用的支出＋由于优化利用资源而进行调整计算的部分)

绿色 GDP 揭示了经济增长过程中的资源环境成本,成为新的发展观指引下经济增长模式转变的一个重要概念和指标。

知识链接 2-5

"绿色 GDP"警示中国经济

2004 年 3 月 5 日,在十届全国人大二次会议的政府工作报告中,温家宝同志提出,我国要积极实施可持续发展战略,按照统筹人与自然和谐发展的要求,作好人口、资源、环境工作。2004 年国民经济的增长目标为 7% 左右。

> 2003年，我国国民生产总值增长率为9.1%。此前几年，中国经济年均增长也超过了8%。2004年中国为何调低了经济增长速度？全国政协委员、北京大学可持续发展研究中心主任叶文虎教授认为，这与中央政府重视可持续发展有直接关系，表现出了我国调整经济增长方式的决心和行动。
>
> 叶文虎教授介绍，"可持续发展"亦称"持续发展"，即"满足当代人的需要，又不对后代人满足其需要的能力构成危害的发展"。这一定义得到广泛的认同，并在1992年联合国环境与发展大会上取得共识，可持续发展问题成为世界各国普遍关注的问题。为了量化可持续发展的经济指标，1993年联合国有关统计机构正式出版的《综合环境与经济核算手册》SEEA中，提出了生态国内产出EDP的概念，EDP就是"绿色GDP"，即从现行GDP中扣除环境资源成本和对环境资源的保护服务费用。
>
> 叶文虎教授说，现有的经济核算和统计方法中，没有把环境的投入（包括自然资源的投入、生态系统的投入和环境保护的投入）计算在内，由此得出的经济数据是不准确的，远远高于实际。我国各省市、各部门乃至全国公布的GDP数字中，存在着很大的误差，很可能使我们对全国的经济形态得出偏高、偏乐观的估计。在这样的GDP数字上所做的政策决策，很可能会发生较大的偏差。为了从根本上缓解经济发展和保护环境之间的矛盾，为了促进企业、行业乃至全社会生产力的更新和发展，我们必须尽快推行"绿色GDP"制度，摈弃不讲环境投入计入成本的现行GDP的核算和统计制度。
>
> 绿色GDP指标，实质上代表了国民经济增长的净正效应。绿色GDP占GDP的比重越高，表明国民经济增长的正面效应越高，负面效应越低，反之亦然。据统计，1985年至2000年，中国GDP年均增长率8.7%。但如果扣除损失成本和生态赤字，这期间中国的"真实国民财富"仅为名义财富的78.2%。这意味着，中国GDP的实际年均增长率只有6.5%。
>
> 还有学者提出更惊人的观点：中国社会科学院李培林认为，中国的人口密度是世界平均值的3倍，国土严重超载；人均自然资源是世界平均值的约1/2；人均水资源量只有2 500m²，是世界人均水量的1/4。同时，单位产值的矿产资源消耗与能源消耗却是世界平均值的3倍；单位产值的废物排放量是世界平均值的数倍，而单位面积污水负荷量是世界平均数的16倍多；中国工人的劳动生产率约为发达国家的1/35。通过这种测算，中国的绿色GDP增长是负数。

(9) GDP无法反映地下经济部门的经济活动和地上经济部门的地下经济活动。一般认为地下经济由那些逃避法律限制、政府管制、税收、摊派和政府部门低效率的经济活动和由此获得的收入所构成。地下经济很难衡量，却很容易对其进行描述，如洞穴经济、影子经济、非正式经济、隐蔽经济、平行经济、黑市经济等，也可以被理解为"全部未记录的经济活动"。

阅 读 文 章

资本主义国家计算国民收入的理论和实践

资产阶级经济学，无论是古典经济学和庸俗经济学，都不能正确地说明国民收入的本质、来源和分配的规律。古典政治经济学的代表亚当·斯密,一方面承认劳动是所得的源泉,劳动创造价值,另一方面,他认为在社会产品的价值中不包括生产资料的转移价值,在资本主义制度下社会产品的全部价值分解为工资、利润和地租3种收入;劳动得工资,资本得利润,土地得地租;工资、利润和地租构成"纯收入",并作出价值是由这3种收入构成的结论。

斯密的这个庸俗见解,后来被资产阶级经济学家奉为教条。他们利用"斯密教条",发展了古典经济学关于价值理论和再生产理论中的庸俗成分。例如,J. B. 萨伊鼓吹"生产三要素",认为价值是由劳动、资本和土地3个要素"提供了生产性服务"的结果;工资、利润和地租是由此取得的相应的"收入"。

萨伊提出了所谓"三位一体"的分配公式:劳动得工资、资本得利息、土地得地租。这就根本否定了劳动是创造资本主义国民收入的唯一源泉,掩盖了产业资本家和土地所有者对雇用的劳动者的剥削。马克思说:"这个公式也是符合统治阶级的利益的,因为它宣布统治阶级的收入源泉具有自然的必然性和永恒的合理性,并把这个观点推崇为教条。"(《马克思恩格斯全集》,第25卷,第939页)

"斯密教条"和萨伊的"三位一体"公式是资本主义国家计算国民收入的理论根据。这种计算抹杀了生产劳动和非生产劳动的区别,否定各阶级和阶层收入的性质和来源的区别,把国民收入解释成全社会各阶级、各阶层、各种职业人员的收入总和。

例如,美国按部门计算的国民收入,就包括政府官员的薪金、非生产性的服务业收入、银行和保险业的收入等。在薪金项内,既包括生产工人的工资,也包括经理人员的薪金等。

按照这种计算,不仅在物质生产领域中创造国民收入,而且在非物质生产领域中也创造国民收入,不仅从事物质生产的劳动者创造国民收入,而且凡是有收入的人,包括牧师、警察、军人、法官、食利者、赌场老板等都创造国民收入,从而掩盖了劳动和资本、剥削和被剥削的对立关系。

本章小结

国内生产总值(GDP)和国民生产总值(GNP)这两大指标都是对国民经济在某一特定时期特定区域所生产出来的最终产品和服务进行市场价值加总而成,区分在于:GDP是以地域、GNP是以国民所创造出来的市场价值为统计口径的,仅仅体现在国外要素支付净额(NFP)这一项目上。

GDP最常用的测算方式有3种:生产法、支出法和收入法。从理论上讲,这3种方法测算出来的GDP是一致的,只是从经济运行的各个不同角度加以观察而已。

除了GDP、GNP,我们还介绍了国内生产净值(NDP)、国民生产净值(NNP)、国民收入(NI)、个人收入(PI)以及个人可支配收入(DPI)等重要统计指标。

在经济活动中,还有名义和实际GDP之分。经济变量的名义值就是用当期市场价格水平来衡量的价值,实际值就是以一种不变价格来衡量的价值。

第二章 国民收入核算理论

本章内容结构

国民收入核算理论
- 国民收入核算体系
  - GDP和GNP
  - 名义GDP和实际GDP
  - 国民收入的经济意义
- 国民收入核算的基本方法
  - 生产法：国民收入=各生产阶段中增加的价值的加总
  - 支出法：国民收入=C+I+G+NX
  - 收入法：国民收入=工资+利息+利润+租金+间接税和企业转移支付+折旧
  - 重要统计指标汇总
- 国民收入核算中的问题与纠正

综合练习

一、名词解释

国内生产总值　　国民生产总值　　国内生产净值　　存量　　流量
GDP折算指数　　最终产品　　　　中间产品　　　　总投资　净投资
存货投资　　　　政府购买　　　　政府转移支付　　净出口　间接税
国民收入　　　　个人收入　　　　个人可支配收入

二、选择题

1. 今年的名义国内生产总值大于去年的名义国内生产总值,说明(　　)。
   A. 今年的物价一定比去年高了
   B. 今年生产的物品和劳务的总量一定比去年增加了
   C. 今年的物价和实物产量水平一定都比去年提高了
   D. 以上三种说法都不一定正确

2. (　　)可计入GDP。
   A. 购买一辆用过的旧自行车　　　　B. 购买普通股票
   C. 汽车制造厂买进10吨钢板　　　　D. 银行向某企业收取一笔贷款利息

3. 已知某国的资本品存量在年初为10 000亿美元,它在本年度生产了2 500亿美元的资本品,资本消耗折旧是2 000亿美元,则该国在本年度的总投资和净投资分别是(　　)。
   A. 2 500亿美元和500亿美元　　　　B. 12 500亿美元和10 500亿美元
   C. 2 500亿美元和2 000亿美元　　　D. 7 500亿美元和8 000亿美元

4. 在下列项目中,(　　)不属于政府购买。
   A. 地方政府开办三所中学　　　　　B. 政府给低收入者提供一笔住房补贴
   C. 政府订购一批军火　　　　　　　D. 政府给公务人员增加薪水

5. 如果个人收入等于570美元,而个人所得税等于90美元,消费等于430美元,利息支付总额为10美元,个人储蓄为40美元,个人可支配收入则等于(　　)美元。

  A. 500   B. 480   C. 470   D. 400

  6. 一国的国内生产总值小于国民生产总值，说明该国公民从外国取得的收入（ ）外国公民从该国取得的收入。

    A. 大于   B. 小于

    C. 等于   D. 可能大于也可能小于

  7. 假定鞍山钢铁公司以30 000元的价格将钢铁出售给大连造船厂，之后钢铁被用于建造一艘游船，游船以120 000元的价格被出售给一位经销商，该经销商以140 000元的价格将游船出售给一个家庭。在这个过程中GDP的增加量为（ ）元。

    A. 290 000   B. 260 000   C. 140 000   D. 120 000

  8. 假定你以500 000元的价格购买了一幢新房子，此房子预计能用50年，那么在国民收入账户中（ ）。

    A. 投资支出增加了500 000元   B. 投资支出不变

    C. 消费支出的增加值为500 000元   D. 消费支出不变

  9. 从最终使用者的角度看，将最终产品和劳务的市场价值加总计算GDP的方法是（ ）。

    A. 支出法   B. 收入法   C. 生产法   D. 增加价值法

  10. 用收入法计算GDP应等于（ ）。

    A. 消费＋投资＋政府支出＋净出口

    B. 工资＋利息＋地租＋利润

    C. 工资＋利息＋中间产品成本＋利润＋间接税

    D. 生产企业收入－中间产品成本

  三、计算题

  1. 假定有A、B、C三厂商，A厂商年产5 000，卖给B、C和消费者，其中B买200，C买2 000，其余2 800卖给消费者。B年产500，直接卖给消费者。C年产6 000，其中3 000由A购买，其余由消费者买。

    (1) 假定投入在生产过程中都用完了，计算价值增加值。

    (2) 计算GDP。

    (3) 如果只有C有500折旧，计算国民收入。

    (4) 如果A厂商有1 000的进口值，C厂商有1 500的出口值，其他条件不变，GDP受何影响？贸易差额是多少？

  2. 某经济社会在某时期发生了以下活动：①一银矿公司支付7.5万美元工资给矿工；②开采出50万磅银矿卖给一银器制造商，售价10万美元；③银器制造商支付5万美元工资给工人造一批项链卖给消费者，售价40万美元。

    (1) 用最终产品生产法计算GDP。

    (2) 每个生产阶段生产多少价值，用增值法计算GDP。

    (3) 在生产活动中赚得的工资和利润各自总共为多少，用收入法计算GDP。

  3. 假定国内生产总值是5 000，个人可支配收入是4 100，政府预算赤字是200，消费是3 800，贸易赤字是100（单位：亿元）。计算：

(1) 储蓄；
(2) 投资；
(3) 政府支出。

4. 某国某年有如下国民经济统计资料：消费支出 90 亿美元，投资支出 60 亿美元，政府转移支付 5 亿美元，政府对产品和劳务的购买支出 30 亿美元，工资收入 100 亿美元，租金收入 30 亿美元，利息收入 10 亿美元，利润收入 30 亿美元，所得税 30 亿美元，进口额 70 亿美元，出口额 60 亿美元。

(1) 用收入法计算 GDP。
(2) 用支出法计算 GDP。

5. 假定某经济社会生产 3 种产品：书本、面包和菜豆，它们在 2010 年和 2011 年的产量和价格见表 2-2。计算：

(1) 2010 年名义 GDP；
(2) 2011 年名义 GDP；
(3) 以 2010 年为基期，2010 年和 2011 年实际 GDP 是多少？这两年实际 GDP 变化多少百分比？
(4) 以 2011 年为基期，2010 年和 2011 年实际 GDP 是多少？这两年实际 GDP 变化多少百分比？
(5) 计算 2010 年和 2011 年的 GDP 折算指数；
(6) 计算这段时期的通胀率。

表 2-2 3 种产品的产量和价格

产品	2010 年		2011 年	
	数量	价格/美元	数量	价格/美元
书本/套	100	10	110	10
面包/条	200	1	200	1.5
菜豆/磅	500	0.5	450	1

6. 假定某国有国民收入统计资料见表 2-3。计算：
(1) 国内生产净值；
(2) 净出口；
(3) 政府税收减去政府转移支付后的收入。

表 2-3 某国国民收入统计   单位：亿美元

国民生产总值	4 800
总投资	800
净投资	300
消费	3 000
政府购买	960
政府预算盈余	30

(4) 个人可支配收入；

(5) 个人储蓄。

四、简答题

1. 国民生产总值与国内生产总值这两个概念有什么区别？

2. 最终产品和中间产品能否根据产品的物质属性加以区别？请举例说明。

3. 怎样理解产出等于收入以及产出等于支出？

4. 能否说某公司生产的汽车多卖掉一些时比少卖掉一些时 GDP 增加要多一些？

5. 假如某人不出租他的房子而是自己使用，这部分房租算不算 GDP？

6. 假定甲厂商为乙提供服务应得报酬 400 美元，乙厂商为甲提供服务应得报酬 300 美元，甲乙商定相互的支付相互抵消 300 美元，结果甲只收乙 100 美元。试问计入 GDP 的是否就是这 100 美元？

7. GDP 作为衡量宏观经济活动的重要指标，在被用来衡量一个国家居民的福利时存在哪些缺点？

五、简述题

1. 许多人认为，国内生产总值不能反映一国的国民福利水平，因此提出了类似"绿色 GDP"等概念。请问如何理解 GDP 与福利水平之间的关系？

2. 如果一个国家的 GDP 为零，这是否意味着在这个国家不存在任何生产活动？

推荐阅读

[1] 卫志民.宏观经济学[M].北京：高等教育出版社，2011：第一章.

[2] 尹伯成.西方经济学简明教程[M].7版.上海：格致出版社，2011：第二章.

[3] 高鸿业.西方经济学（宏观部分）[M].5版.北京：中国人民大学出版社，2011：第十二章.

[4] 梁小民.微观经济学纵横谈[M].3版.北京：生活·读书·新知三联书店，2000：第七章.

[5] 袁志刚，欧阳明.宏观经济学[M].2版.上海：格致出版社.2012：第二、三章.

第三章

国民收入决定与调节理论

【内容提要】

宏观经济学研究经济中各个总量之间的关系,其核心是国民收入决定、均衡的国民收入的实现等问题。本章以两部门经济中国民收入决定的基本原理为基础,推导国民收入决定理论的一般化,并初步介绍了国民收入的变动与调节。

【学习目标与重点】

(1) 理解两部门经济的收入流量循环模型的前提条件。

(2) 重点掌握两部门经济中国民收入决定的原理。

(3) 理解影响国民收入变动的因素和调节国民收入的措施。

【关键术语】

两部门经济;总供给结构;总需求结构;注入;漏出

【引入案例】

凯恩斯革命

20世纪30年代的全球性经济危机,使世界各工业国家在一百多年里积累的社会财富损失近半。这对传统的西方经济理论提出了严重的挑战。之前的经济学界大都认为市场机制能够保证社会经济的均衡发展和社会财富的稳定增长,经济波动只是一种自然现象,无须担忧,因此推崇经济自由主义和反对政府干预经济的政策。

经济危机的严重危害,使经济学界不得不对危机产生高度的关注。正是在此背景下,约翰·梅纳德·凯恩斯(J. M. Keynes,1883—1946)于1936年出版《就业、利息和货币通论》,提出了他的国民收入决定理论,即从宏观的角度,从国民财富价值总量循环的角度审视价值的决定问题,使我们看到了价值决定问题的全貌。

凯恩斯还通过探讨危机和失业的原因,提出了政府应该干预经济运行,承担起保证国民经济稳定增长责任的思想。凯恩斯的崭新理论思想掀起了一场著名的"凯恩斯革命"。

改编自:薛治龙.微观经济学[M].北京:经济管理出版社,2009:13-14.

凯恩斯国民收入决定理论的产生具有重大的现实意义,它为政策制定者提供了刺激经济的工具。同时,国民收入决定理论作为宏观经济学的核心,它为分析各种宏观经济问题提供了一种重要的分析工具,指明宏观经济学中的失业、通货膨胀、经济周期和经济增长等问题均可以运用国民收入决定理论进行分析。

国民收入决定理论的具体内容有以下3点。

1. 简单的国民收入决定模型

(1) 总需求的构成。

(2) 总需求与均衡国民收入的决定。

(3) 消费与均衡国民收入的决定：①消费函数与储蓄函数；②消费函数、总需求与均衡国民收入。

(4) 总需求与国民收入水平的变动。

(5) 乘数理论。

2. IS-LM 模型

(1) IS 曲线。

(2) LM 曲线。

(3) IS-LM 模型：①国民收入与利率的决定；②自发总需求变动对国民收入和利率的影响；③货币量变动对国民收入和利率的影响。

3. 总需求—总供给模型

(1) 总需求曲线。

(2) 总供给曲线。

(3) 总需求—总供给模型。

(4) 总需求变动对国民收入与价格水平的影响：①凯恩斯主义总供给曲线；②短期总供给曲线；③长期总供给曲线。

(5) 短期总供给变动对国民收入和价格水平的影响。

第一节 两部门经济中国民收入的决定

一、两部门经济的收入流量循环模型

1. 模型前提假定

国民收入流量循环模型中最简单的是假定一个社会只有两种经济单位或者说两个经济部门：企业（或者说厂商）和家庭（或者说居民户）两部门。家庭部门拥有全部生产要素，家庭部门的收入是向企业出售生产要素的服务所得到的。

研究两部门经济中国民收入决定的假定条件是：第一，两部门是一个封闭经济，对外贸易与外国资本不起作用；第二，政府对国民收入决定不起作用；第三，国民收入循环流量是顺畅的，没有经济危机或生产过剩等存在；第四，价格水平不变。

在这些假定前提下，收入和产品循环流动。两部门经济收入流量循环是一种最简单的模型，它虽不现实，但却是分析三部门、四部门经济收入流量循环模型以及进而说明国民收入均衡条件的出发点，所有分析国民收入决定和均衡的模型都是从两部门开始的。

2. 收入流量循环模型

在两部门经济中，家庭向企业提供各种生产要素并得到相应的收入，用这些收入消费各种商品与劳务。企业购买家庭提供的各种生产要素进行生产并向家庭出售各种商品与劳务，两部门经济中的收入流量循环模型如图 3-1 所示。

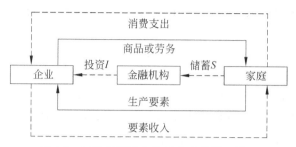

图 3-1 两部门经济中的收入流量循环模型

在图 3-1 中,循环内圈是实物形式的流动。外圈是货币形式的流动。这是两个封闭的循环,也是两次交换。如果家庭得到收入以后,不全部用作消费,而是将一部分收入储蓄起来,而企业在家庭的消费支出之外又获得了其他来源的投资,那么,收入流量循环模型就增加了储蓄和投资两个因素。

储蓄是家庭收入用作消费后的扣除,或者说是收入中不用作当前消费的部分,因此对于经济运行来说具有收缩作用,对经济循环流动是一种漏出(用 W 表示)因素。投资意味着企业在获得家庭支付的收入之外,又获得了另外的收入,对于经济运行来说具有扩张作用,对经济循环流动是一种注入(用 J 表示)因素。

考虑存在注入与漏出,为了保证国民收入的循环流动顺利进行,可以作这样一个假定:家庭将储蓄存入银行或其他金融机构中,银行或其他金融机构又将这些储蓄转变为贷款贷给企业,企业用贷款作为投资,那么漏出量(储蓄)就变成注入量(投资)又回到了循环流动的路径之中。

如果家庭用储蓄购买企业发行的有价证券,企业用证券销售的收入作为投资,其结果也是一样的。这些行为都是通过金融市场进行的。如果家庭不将储蓄存入银行或其他金融机构,也不去购买企业的有价证券,同时银行或其他金融机构也不将家庭的储蓄贷给企业,那么在经济运行中的漏出量便找不到循环流动之路,这时除非企业能从其他方面获得注入量,否则生产将不可能按原有的规模进行下去。

二、两部门经济中国民收入的构成与均衡

1. 两部门经济国民收入构成

(1) 两部门经济的总供给(AS)

从产品生产方面看,一国的国民收入是由各种生产要素生产出来的,可以用各种生产要素供给的总和表示,但由于各种生产要素在量上的单位不同,很难直接相加。在实际计算中,可以用各种生产要素得到的报酬进行加总,即用货币来度量计算。各种生产要素在生产中得到的报酬是工资、利息、地租、利润,生产要素所有者得到这些报酬以后,用做消费和储蓄两个部分,所以:

$$
\begin{aligned}
总供给 &= 各种生产要素的供给 \\
&= 各种生产要素得到的报酬总和 \\
&= 工资 + 利息 + 地租 + 利润 \\
&= 消费 + 储蓄
\end{aligned}
$$
(3-1)

如果以 Y 表示国民收入，以 C 表示消费，以 S 表示储蓄，从总供给角度来看，国民收入可以表示为

$$AS = C + S \quad 或 \quad Y_s = C + S$$

（2）两部门经济的总需求（AD）

从总需求角度看，一国的国民收入是消费需求与投资需求的总和，消费需求与投资需求均表现为一种欲望，在量上也是无法加总求和的，但可以分别用货币形式的消费支出与投资支出来表示。消费支出即为消费，投资支出即投资，所以：

$$\begin{aligned} 总需求 &= 消费需求 + 投资需求 \\ &= 消费支出 + 投资支出 \\ &= 消费 + 投资 \end{aligned} \tag{3-2}$$

如果以 Y 表示国民收入，以 I 表示投资，从总需求角度来看，国民收入可以表示为

$$AD = C + I \quad 或 \quad Y_d = C + I$$

2. 两部门经济国民收入均衡

总供给与总需求是决定国民收入均衡的力量，如果总需求小于总供给，表明社会上需求不足，产品卖不出去，造成价格下降，生产收缩，从而总供给减少，国民收入减少，失业增加。如果总需求大于总供给，表明社会上供给不足，促使价格上升，生产扩大，从而总供给增加，国民收入增加，容易出现通货膨胀。如果总需求等于总供给，则生产既不会增加也不会减少，国民收入实现均衡，这时也就确定了在总供求平衡下的国民收入。所以，国民收入实现均衡的条件是：

$$总供给 = 总需求 \quad 或 \quad AS = AD \quad 或 \quad Y_s = Y_d \tag{3-3}$$

根据上面的分析，可以写为

$$消费 + 储蓄 = 消费 + 投资 \quad 或 \quad C + S = C + I，即 I = S \tag{3-4}$$

$I = S$ 是凯恩斯理论中最关键的命题，是宏观经济学的理论基础，同时也是国家管理宏观经济的重要目标。

在国民经济中，如果 AS<AD，即 $S<I$，说明总需求大于总供给，或供给不足。这时在国民经济中容易导致超前消费，物价上涨，出现需求拉动的通货膨胀。出现这种情况时，就需要政府进行干预，促使企业增加生产，使国民收入扩张，实现 AD=AS。

如果 AS>AD，即 $S>I$，说明总需求小于总供给，或供给过剩。这时在国民经济中容易出现物价下降，产品滞销，企业开工不足和设备闲置，出现失业。出现这种情况时，就需要政府进行干预，促使企业减少生产或刺激消费者增加消费，使国民收入收缩，实现 AD=AS。

所以，一国在一定时期内的总支出要能恰好买尽该国在同时期内生产的全部产品，以实现国民收入的均衡，必须是总供给等于总需求，即 $I = S$，这时才不会出现通货膨胀和失业问题。

我们可以用图 3-2 来表示两部门经济国民收入的均衡。在图 3-2 中，横轴表示收入 Y，纵轴表示消费 C、投资 I。消费曲线 C 上加投资曲线 I 就得到总支出曲线 $C+I$，因投资为自发投资，自发投资为常数，故总支出曲线 $C+I$ 与消费曲线 C 是平行的，两条曲线在任何收入水平上的垂直距离都等于自发投资。总支出曲线与 45°线相交于 E 点，总供给等于总需求，

即 E 点为均衡点，E 点决定了在既定的消费与投资水平下的均衡国民收入 Y_e。

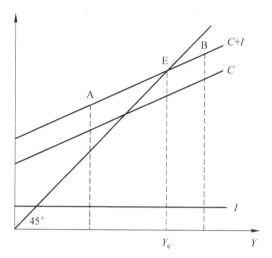

图 3-2 两部门经济国民收入的决定

在图 3-2 中，45°线上任一点都有国民收入等于总需求 AD＝Y。在 A 点，$C+I>Y$，说明国民收入要扩张，并增加至 Y_e；在 B 点，$C+I<Y$，说明国民收入要收缩，并减少至 Y_e。在总需求和总供给诸因素增加和收缩的调整中，使均衡的国民收入得以实现。

还可以用储蓄—投资曲线图来说明国民收入的均衡。在图 3-3 中，横轴表示国民收入 Y，纵轴表示投资 I 和储蓄 S。I 为投资曲线，由于投资为自发投资，自发投资又不随收入变化而变化，故投资曲线是一条平行线；S 为储蓄曲线，由于储蓄随收入增多而增多，故储蓄曲线向右上方倾斜。如图 3-3 所示，只有储蓄增加，才能有更多的货币转化为投资，才能促使国民收入增加。

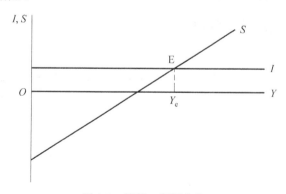

图 3-3 储蓄—投资曲线

在图 3-3 中，I 与 S 线相交于 E 点，有 $I=S$，决定了均衡的国民收入。在 E 点左边，$I>S$，说明国民收入要扩张，并增加到 Y_e；在 E 点右边，$I<S$，说明国民收入要收缩，并减少到 Y_e。只有在 E 点上，有 $I=S$，实现均衡的国民收入。

以上用两个图从不同角度说明了国民收入的均衡，它们得出的结论是一致的。

在国民收入均衡中，储蓄可以看作经济中一部分货币的暂时离开，对国民收入具有收缩作用,是漏出因素,有 $W=S$;投资对经济增长具有刺激作用,能使国民收入扩张,是注入因素,有 $J=I$。所以,从注入与漏出对国民收入扩张与收缩的作用看,如果 $W>J$,说明注入小于漏出,国民收入要收缩;如果 $W<J$,说明注入大于漏出,国民收入扩张;$W=J$,说明注入等于漏出,国民收入实现均衡。

概念辨析 3-1

消费函数与储蓄函数

消费函数是指消费支出与决定消费的各种因素之间的依存关系。影响消费的因素很多,如收入水平、商品价格水平、利率水平、收入分配状况等,但凯恩斯认为收入是最主要的因素,所以,消费函数一般以收入为自变量,反映收入和消费之间的依存关系。一般来说,在其他条件不变的情况下,消费随收入的变动而呈现同样的变动规律,即收入增加,消费增加、收入减少、消费减少。但消费与收入并不一定按同一比例变动。

储蓄函数是指储蓄与决定储蓄的各种因素之间的依存关系。影响储蓄的因素很多,同样地,凯恩斯认为收入是最主要的因素,所以,储蓄函数主要反映收入与储蓄之间的依存关系,一般而言,在其他条件不变的情况下,储蓄随收入的变动而同规律变动,即收入增加,储蓄增加;收入减少,储蓄减少。

第二节 国民收入决定理论一般化

以上两部门经济是理论分析的简化与抽象化,在现实的社会中,国民收入循环流量应该是三部门乃至四部门的。三部门仍是封闭经济循环,四部门则是开放经济循环。

一、三部门经济中国民收入的决定

1. 三部门经济的收入流量循环模型

三部门经济是包括企业、家庭与政府的经济,政府在经济中主要通过收入与支出起作用。政府通过税收获得收入,用收入去购买商品和劳务,同时用于转移支付。三部门经济收入流量循环模型如图 3-4 所示。

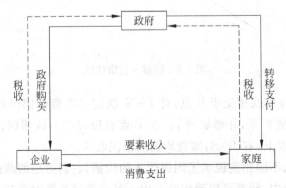

图 3-4 三部门经济收入流量循环模型

在图3-4表示的三部门经济收入流量循环模型中,箭头指向表示货币流向,此时政府从企业与家庭得到税收,是政府收入。政府用其支出的一部分向企业购买商品和劳务,这部分货币流入企业手中;政府支出的另一部分以转移支付方式给予居民户,这部分货币流入家庭手中。

2. 三部门经济国民收入构成与均衡

在三部门经济中,从总供给方面看,在两部门经济各种生产要素的供给之外增加了政府供给,政府供给得到了税收;从总需求方面看,在两部门经济的消费需求与投资需求之外加了政府需求,政府需求表现为政府支出。此时:

$$\begin{aligned}总供给 &= 各种生产要素的供给 + 政府供给\\ &= 各种生产要素的报酬 + 政府的报酬\\ &= 工资 + 利润 + 利息 + 地租 + 税收\\ &= 消费 + 储蓄 + 税收\end{aligned} \tag{3-5}$$

如果用 T 表示税收,三部门经济的总供给可以写成:

$$AS = C + S + T \quad 或 \quad Y_s = C + S + T \tag{3-6}$$

$$\begin{aligned}总需求 &= 消费需求 + 投资需求 + 政府需求\\ &= 消费支出 + 投资支出 + 政府支出\\ &= 消费 + 投资 + 政府支出\end{aligned} \tag{3-7}$$

如果用 G 表示政府支出,三部门经济的总需求可以写成:

$$AD = C + I + G \quad 或 \quad Y_d = C + I + G \tag{3-8}$$

要使三部门经济国民收入实现均衡,应有总供给=总需求,或 $AS=AD$,即 $C+I+G=C+S+T$。两边同时消去 C,移项整理后有:

$$I - S = T - G \tag{3-9}$$

$I-S$ 是投资储蓄差,$T-G$ 是政府收支差。三部门经济实现均衡,应有投资储蓄差等于政府收支差,当两边不相等时,可以通过调节政府收支差与投资储蓄差来使之相等。

我们可以用图3-5和图3-6来说明三部门经济中国民收入的决定。在图3-5中,$C+I+G$ 表示总需求曲线,它与45°线相交于 E_2 点,总供给等于总需求,决定了均衡的国民收入为 Y_2。在图3-6中,$I+G$ 表示总需求曲线,$S+T$ 表示总供给曲线,它们相交于 E_2 点,说明 $S+T=I+G$,决定了均衡的国民收入为 Y_2。

图3-5和图3-6说明了三部门经济中消费、投资与储蓄的均衡情况。当总需求因素增加时($C+I+G$),曲线向右上方移动,均衡点 E_2 高于两部门的 E_1 点。当总供给因素增加时($S+T$),曲线向左移动,均衡点 E_2 表示的国民收入小于均衡点 E_1 表示的国民收入。

从图3-5和图3-6中可以看出:如果 $C+I+G>C+S+T$,说明总需求大于总供给,经济中容易出现过度需求,引起通货膨胀。如果 $C+I+G<C+S+T$,说明总需求小于总供给,经济中容易出现需求不足,引起失业。

三部门经济中,税收是收缩力量,有 $W=C+S+T$;政府支出是扩张力量,有 $J=C+I+G$。当有 $C+I+G>C+S+T$,就是 $J>W$,说明国民收入要扩张;当 $C+I+G<C+S+T$,就是 $J<W$,说明国民收入要收缩。当 $C+I+G=C+S+T$ 时,有 $J=W$,均衡的国民收入得以实现。

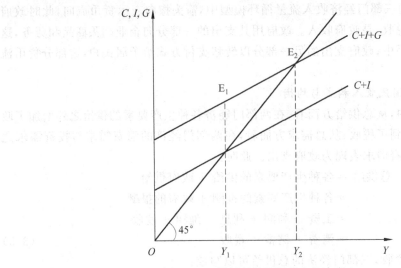

图 3-5　三部门经济国民收入的决定 1

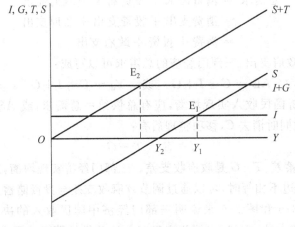

图 3-6　三部门经济国民收入的决定 2

二、四部门经济中国民收入的决定

1. 四部门经济的收入流量循环模型

一个现实的社会经济应是开放经济,即除了家庭、企业和政府三个部门在国民经济生活中起作用外,还有国际贸易与国际资本运动,即世界市场。一个国家是否采取开放经济政策,能否参与到世界经济中去,对一个国家的经济发展起着重大的作用。所以,一个国家的整体国民经济运行必然是四部门的循环模型。

世界市场对本国经济的影响是:作为国外生产要素的供给者,向本国提供商品与劳务,对本国来说是进口;国外对本国商品与劳务的需求者,向本国进行购买,对本国来说是出口。本国与国外的进出口商,在进出口时,向本国政府交纳关税,同时,政府作为商品与劳务的消费者,也在国外市场进行购买。四部门经济收入流量循环模型如图 3-7 所示。

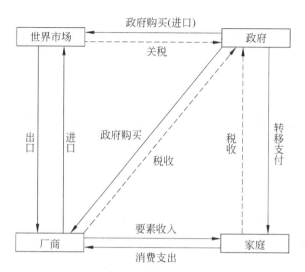

图 3-7 四部门经济收入流量循环模型

在图 3-7 表示的四部门经济收入流量循环模型中,虚线箭头指向表示货币流向,此时政府从企业、家庭、进出口商那里得到的税收,是政府收入。政府用其支出的一部分向企业购买商品和劳务,一部分以转移支付方式给予家庭,一部分进口自己所需要的外国商品和劳务。

此时,从总供给方面看,是在三部门经济各种生产要素和政府的供给之外,又加进了国外的供给。国外供给对本国是进口,货币流向国外,所以用进口来表示国外的供给。从总需求方面看,是在三部门经济消费需求、投资需求和政府需求之外,又加进了国外需求,国外需求对本国是出口,货币流向国内,所以用出口表示国外需求。

2. 四部门经济中国民收入的构成与均衡

四部门经济国民收入的构成与均衡,从总供给与总需求两个方面分析。

总供给 ＝ 各种生产要素的供给 ＋ 政府供给 ＋ 国外供给
　　　 ＝ 各种生产要素的报酬 ＋ 政府的报酬 ＋ 国外提供的商品和劳务的报酬
　　　 ＝ 工资 ＋ 利润 ＋ 利息 ＋ 地租 ＋ 税收 ＋ 进口
　　　 ＝ 消费 ＋ 储蓄 ＋ 税收 ＋ 进口　　　　　　　　　　　　　　　　(3-10)

如果用 M 表示进口,四部门经济的总供给可以写成:

$$AS = C + S + T + M \quad 或 \quad Y_s = C + S + T + M \tag{3-11}$$

总需求 ＝ 消费需求 ＋ 投资需求 ＋ 政府需求 ＋ 国外需求
　　　 ＝ 消费支出 ＋ 投资支出 ＋ 政府支出 ＋ 国外支出
　　　 ＝ 消费 ＋ 投资 ＋ 政府支出 ＋ 出口　　　　　　　　　　　　　　(3-12)

如果用 X 表示出口,四部门经济的总需求可以写成:

$$AD = C + I + G + X \quad 或 \quad Y_d = C + I + G + X \tag{3-13}$$

要使四部门经济的国民收入实现均衡,应有:

$$总供给 ＝ 总需求 \quad 或 \quad AS = AD$$

即 $C + I + G + X = C + S + T + M$,两边同时消去 C,有:

$$I+G+X=S+T+M \tag{3-14}$$

在四部门经济中,如果假定政府能够做到收支均衡,即有 $T=G$,上列均衡公式为:

$$I+X=S+M$$

移项整理后为

$$I-S=M-X$$

$I-S$ 是投资储蓄差,$M-X$ 是进出口差,这时应有投资储蓄差等于进出口差。当两边不相等时,政府可以通过调节投资储蓄差与进出口差来使之相等。

知识链接 3-1

两缺口模型

$I-S=M-X$ 是著名的"两缺口模型",它由发展经济学家钱纳里和斯特罗特于 1966 年在《国外援助和经济发展》一书中提出。这个模型说明,在发展中国家的经济发展过程中,如果国内存在着投资储蓄差($I-S$),则投资不足;对外存在着进出口差($M-X$),则外汇不足。这时发展中国家可以引进外资。引进外资后,首先弥补了国内资金的不足,生产扩大,出口增加,从而进一步弥补了外汇不足,"两缺口模型"曾经是所有发展中国家利用外资的基本理论依据。

3. 四部门经济国民收入均衡的图形

我们可以用图 3-8 和图 3-9 来说明四部门经济国民收入均衡决定。在图 3-8 中,$C+I+G+X$ 表示总需求曲线,它与 45°线相交于 E_3 点,总供给等于总需求,决定了均衡的国民收入为 Y_e。在图 3-9 中,$I+G+X$ 表示总需求曲线,$S+T+M$ 表示总供给曲线,它们相交于 E_3 点,$S+T+M=I+G+X$,决定了均衡的国民收入为 Y_e。

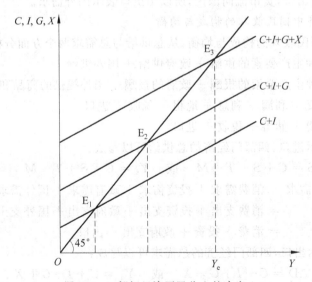

图 3-8 四部门经济国民收入的决定 1

图 3-8 和图 3-9 说明了四部门经济中消费、投资、储蓄、进出口的均衡情况。当总需

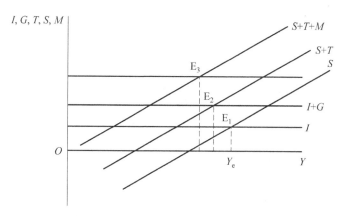

图 3-9 四部门经济国民收入的决定 2

求因素增加时($C+I+G+X$),曲线向右上方移动,均衡点 E_3,高于两部门的 E_1 和三部门的 E_2 点。当总供给因素增加时($S+T+M$),曲线向左移动,均衡点 E_3 表示的国民收入小于均衡点 E_1 和 E_2 表示的国民收入。

从图 3-8 和图 3-9 中可以看出,如果 $C+I+G+X>C+S+T+M$,说明总需求大于总供给,经济出现过度需求,但这时原因比较复杂,除了容易引起通货膨胀外,还有可能因出口过大而造成的国内经济不均衡。如果 $C+I+G+X<C+S+T+M$,说明总需求小于总供给,经济中出现需求不足,原因也是比较复杂的,除了容易引起失业外,还有可能因进口过大对国内经济产生冲击。

四部门经济中,进口是收缩力量,有 $W=C+S+T+M$;政府支出是扩张力量,有 $J=C+I+G+X$。当 $C+I+G+X>C+S+T+M$,就是 $J>W$,说明国民收入要扩张;当 $C+I+G+X<C+S+T+M$,就是 $J<W$,说明国民收入要收缩;当 $C+I+G+X=C+S+T+M$ 时,有 $J=W$,均衡的国民收入得以实现。

第三节 国民收入的变动与调节

国民收入决定理论不仅要说明是什么因素决定了国民收入的大小,而且要说明这些因素如何影响国民收入的变动。本节介绍决定国民收入的各种因素如何影响国民收入并使其发生变动,以及变动后的主要调节措施。

一、国民收入的变动

1. 注入变动对国民收入的影响

以四部门经济为例,注入包括投资 I、政府支出 G、出口 X,注入因素对国民收入是一种扩张性的力量,因此,注入的变动将引起国民收入向同方向变动,即注入增加将提高国民收入水平,注入减少将降低国民收入水平,图 3-10 说明了这一问题。

在图 3-10 中,纵轴表示注入 J,45°线表示从总需求角度来看的国民收入均衡。J_1、J_2、J_3 为三条不同水平的注入线。当 J_1 与 45°线交于 E_1 时,决定了均衡的国民收入为

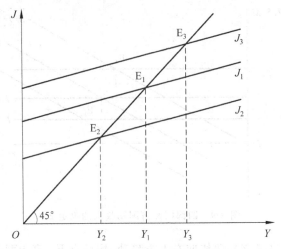

图 3-10 注入变动对国民收入的影响

Y_1。当注入由 J_1 减少到 J_2 时,J_2 与 45°线相交于 E_2,决定了国民收入为 Y_2,$Y_2 < Y_1$,说明随着注入减少,国民收入减少。当注入由 J_2 增加到 J_3 时,J_3 与 45°线相交于 E_3,决定了国民收入为 Y_3,$Y_3 > Y_1$,说明随着注入增加,国民收入增加。由此可以看出,在 AD=C+I+G+X 中,每一项因素的增加都会使国民收入增加,要使国民收入扩张,可以增加注入因素,如增加投资、政府支出或出口;反之,要使国民收入收缩,可以减少注入,如减少投资、政府支出或出口。

2. 漏出变动对国民收入的影响

以四部门经济为例,漏出因素 W 包括储蓄 S、税收 T、进口 M,漏出因素对国民收入是一种收缩性的力量。因此,漏出的变动将会引起国民收入反方向变动,即漏出的增加将使国民收入减少,漏出的减少将使国民收入增加,图 3-11 说明了这一问题。

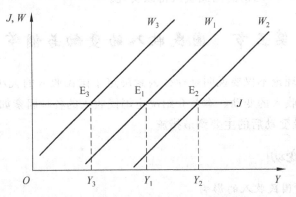

图 3-11 漏出变动对国民收入的影响

在图 3-11 中,纵轴表示注入与漏出,J 为注入线。在分析漏出对国民收入的影响时,假定 J 不变,是一条平行于横轴的线。W_1、W_2、W_3 为三条不同水平的漏出线。W_1 与 J 相交于 E_1 点,这时决定了国民收入为 Y_1。当漏出由 W_1 减少至 W_2 时,W_2 与 J 相交于 E_2,决定了国民收入为 $Y_2 > Y_1$,说明随着漏出的减少,国民收入增加;当漏出由 W_1 增加

至 W_3 时,W_3 与 J 相交于 E_3,决定了国民收入为 Y_3,$Y_3 < Y_1$,说明随着漏出的增加,国民收入减少。由此可以看出,在 $AD = C + S + T + M$ 中,每一项因素的增加都会使国民收入减少,如果要增加国民收入,就要减少漏出因素,如减少储蓄、政府税收或进口;反之,如果要减少国民收入,就要增加漏出因素,如增加储蓄、政府税收或进口。

图 3-12 说明了漏出因素增加的原因以及漏出曲线 W 向左上方移动的问题。如果假定国民收入是既定的,为 Y 线并垂直于横轴,在同一国民收入水平上比较不同的漏出水平 W_1、W_2、W_3,会有 $W_1 > W_2 > W_3$,很明显,其中 W_1 漏出水平最高,W_3 漏出水平最低。所以,W 线向左移动说明漏出水平提高,国民收入要减少;W 线向右移动,说明漏出水平降低,国民收入要增加。这一证明同时说明了 S、T、M 线向左移动和向右移动的问题。

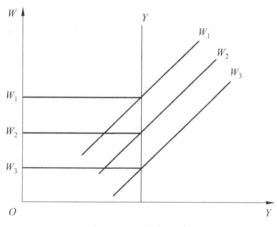

图 3-12　漏出曲线

根据注入与漏出对国民收入影响的分析,凯恩斯主义经济学家得出了这样的推论:节俭,即储蓄,对个人来说是件好事,对整个社会来说却是坏事,因为它属于漏出,会使国民收入减少;相反,消费,即支出,对个人来说可能是坏事,对整个社会来说却是好事,因为它属于注入,可以使国民收入增加。他们将这种情况称为"节约的悖论"。

个案研究 3-1

蜜蜂的寓言

凯恩斯曾引用 18 世纪英国哲学家孟迪维尔的讽喻诗《蜜蜂的寓言》来说明"节约的悖论"。这首诗叙述了一群蜜蜂的兴衰史。最初蜜蜂们追求豪华奢侈的生活,大肆挥霍浪费,结果社会兴旺,百业昌盛,后来,它们改变了原有的习惯,放弃奢侈的生活,崇尚节俭朴素,结果社会涣散,经济衰落,最后被敌人打败而逃散。这一结论在凯恩斯理论中,成为运用赤字财政政策刺激总需求的依据。

二、国民收入的调节

根据上述分析,当漏出与注入不相等时,可以调节漏出与注入中的各项因素使之相等,从而实现国民收入的均衡。

1. 三部门经济调节

在三部门经济中,因为 $C+I+G=C+S+T$,整理移项后有 $I-S=T-G$。$I-S$ 为投资储蓄差额,$T-G$ 为政府收支差额。当国民收入均衡时,投资储蓄差等于财政收支差,如果公式两端不相等,则可以通过调节投资储蓄差和财政收支差来使之相等,从而使国民收入达到均衡。当 $I-S<T-G$ 可以从不同的方面进行调整,使国民收入实现均衡。

(1) 调整投资储蓄差,包括减少储蓄、增加投资以及同时增加投资,减少储蓄。

(2) 调整财政收支差,包括减少税收、增加政府支出以及同时减少税收和增加政府支出。

(3) 同时调节4个因素。在实际经济生活中,政府可以对投资、储蓄、税收和政府支出同时进行调节。政府如果采用紧缩经济政策,即鼓励漏出量,抑制注入量,则会压缩总需求增长;反之,政府如果采用扩张经济政策,即鼓励注入量,抑制漏出量,则会刺激总需求增长。在宏观经济调控的过程中,个人和企业的储蓄、投资以及政府开支和税收方面的政策,对国民经济的兴衰成败关系十分重大。这是宏观经济学研究的主要内容。

个案研究 3-2

4万亿元解困中国经济

2008年11月,中国政府出台了进一步扩大内需、促进经济增长的十项措施,在之后两年时间内投资4万亿元人民币。该方案在国内经济增长环境明显恶化的背景下显示了中国政府抗击金融危机、防范经济增长下滑的信心。四万亿元资金投入的效果是明显的。

第一,投资意愿加大。在金融危机时期,由于民间投资意愿降低,此时,通过加大政府投资从而维持经济发展的投资需求,即中央政府通过财政政策向市场注入资本,激活生产、消费、金融整个链条。4万亿元投资适时地给经济发展补充了动力。

第二,促进产业结构调整。4万亿元投资计划中明确提出支持高新技术产业化建设和产业技术进步,支持服务业发展,旨在加快自主创新和结构调整。

第三,内需拉动明显。4万亿元的巨大资金可以提高各行各业的消费和投资信心,从而促使诸多行业的实际增长,创造更多的就业岗位。

改编自:中央电视台《中国财经报道》栏目组.中国经济十年螺旋[M].北京:机械工业出版社,2009:207.

2. 四部门经济调节

在四部门经济中,因为 $C+I+G+X=C+S+T+M$,整理移项后有:$S-T=X-M$,$S-T$ 为储蓄投资差额,$X-M$ 为进出口差额。当国民收入均衡时,储蓄投资差应等于进出口差。如果公式两端不相等,则可以通过调节储蓄投资差和进出口差来使之相等,使国民收入实现均衡。

当 $S-I>X-M$ 可以从不同的方面进行调整,使国民收入实现均衡。

(1) 调整进出口差,包括增加出口、减少进口以及同时增加出口,减少进口。

(2) 调整投资储蓄差,包括减少储蓄、增加投资以及同时增加投资和减少储蓄。

(3) 同时调节4个因素。政府可以对四个因素同时进行调节,即减少储蓄,增加投资,增加进口和减少出口。四部门经济是开放经济,因此调节比三部门要复杂得多。首先它与国际市场、世界经济波动相联系;其次涉及国家的汇率政策、货币政策、国际收支平衡等很多问题。

本章小结

两部门经济分析是研究国民收入均衡的出发点,所有分析国民收入决定和均衡的模型都从两部门开始。两部门经济收入流量循环模型为企业与家庭的两次交换过程。在两部门国民收入循环模型中,注入应等于漏出。

两部门经济国民收入构成包括总供给和总需求,两部门经济国民收入均衡为总供给=总需求,或 AS=AD,或 $Y_s=Y_d$,或 $I=S$。$I=S$ 是凯恩斯主义最关键的命题,是宏观经济学的理论基础。当 $S<I$,容易出现通货膨胀;当 $S>I$,容易出现失业。

三部门经济收入流量循环包括企业、家庭与政府。三部门经济国民收入构成为总供给和总需求,三部门经济国民收入均衡为总供给=总需求,或 AS=AD,即 $C+I+G=C+S+T$,整理后有 $I-S=T-G$,$I-S$ 是投资储蓄差,$T-G$ 是政府收支差。三部门经济实现均衡,应有投资储蓄差等于政府收支差。当两边不相等时,可以通过调节政府收支差与投资储蓄差来使之相等。

四部门经济收入流量循环除了家庭、企业和政府外,还有国际贸易与国际资本运动。四部门经济国民收入构成为总供给和总需求,四部门经济国民收入均衡为总供给=总需求,或 AS=AD,即 $C+I+G+X=C+S+T+M$,整理有 $I-S=M-X$,$I-S$ 是投资储蓄差,$M-X$ 是进出口差,这时应有投资储蓄差等于进出口差。当两边不相等时,政府可以通过调节投资储蓄差与进出口差来使之相等。$I-S=M-X$ 也称为"两缺口模型",是所有发展中国家利用外资的基本理论依据。

注入变动会引起国民收入同方向变动,注入增加将提高国民收入水平,注入减少会降低国民收入水平。漏出的变动将会引起国民收入反方向变动,漏出的增加会使国民收入减少,漏出的减少会使国民收入增加。

三部门经济调节可以调整投资储蓄差和财政收支差。政府如果采用紧缩经济政策,鼓励漏出量,抑制注入量,则会压缩总需求增长;反之,政府如果采用扩张经济政策,鼓励注入量,抑制漏出量,则会刺激总需求增长。四部门经济可以调整进出口差和投资储蓄差。

本章内容结构

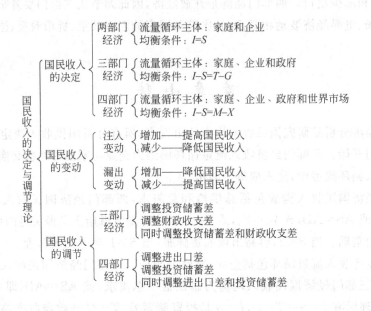

综合练习

一、名词解释

注入　　　　　漏出　　　　　总供给　　　　　总需求　　　　　投资储蓄差

政府收支差　　进出口差　　　净出口　　　　　两缺口模型　　　消费函数

边际消费倾向　储蓄函数　　　边际储蓄倾向　　均衡产出

二、选择题

1. 均衡的国民收入是指(　　　)。

　　A. 一国每年所生产出的产品的货币价值

　　B. 总需求大于总供给时的收入

　　C. 总需求小于总供给时的收入

　　D. 总需求等于总供给时的国民收入

2. 凯恩斯主义的关键命题是(　　　)。

　　A. $I=S$　　　　B. $I\neq S$　　　　C. $G=T$　　　　D. $X=M$

3. 根据简单的国民收入决定模型,引起国民收入减少的原因是(　　　)。

　　A. 消费减少　　　　　　　　　　　　B. 储蓄减少

　　C. 消费增加　　　　　　　　　　　　D. 政府支出减少

4. $J>W$ 表明(　　　)。

　　A. 注入大于漏出　　　　　　　　　　B. 注入小于漏出

　　C. 投资大于储蓄　　　　　　　　　　D. 投资小于储蓄

5. 四部门经济中的注入因素包括(　　)。
   A. 储蓄、投资和政府支出　　　　　B. 税收、政府支出和进口
   C. 投资、政府税收和出口　　　　　D. 投资、政府支出和出口

6. 如果与可支配收入无关的消费为400亿元,投资为500亿元,边际储蓄倾向为0.1,那么在没有政府干预和对外贸易的情况下,均衡收入水平为(　　)亿元。
   A. 9 000　　　　B. 7 700　　　　C. 900　　　　D. 4 000

7. 如果投资增加150亿元,边际消费倾向为0.9,那么收入水平将(　　)。
   A. 增加150亿元左右并保持在这一水平
   B. 增加1 500亿元之后又回到最初水平
   C. 增加1 500亿元并保持这一水平
   D. 增加150亿元,最后又回到原有水平

8. 如果投资持续下降100亿元,边际消费倾向为0.75,那么收入水平将(　　)。
   A. 下降400亿元,并保持在这一水平
   B. 下降400亿元,但又逐渐恢复到原有水平
   C. 下降130亿元,并保持在这一水平
   D. 下降100亿元,最后回到原有水平

9. 在四部门经济中,若投资、储蓄、政府购买、税收、出口和进口同时增加,则均衡收入(　　)。
   A. 不变　　　B. 趋于减少　　　C. 趋于增加　　　D. 无法确定

10. 假定其他条件不变,当利率提高时,家庭将(　　)。
    A. 增加储蓄　　　　　　　　　　B. 减少储蓄
    C. 可能增加储蓄,也可能减少储蓄　D. 无法判断

11. 当国民收入增加时,总支出(　　)。
    A. 增加,增加量等于国民收入的增加量
    B. 减少,减少量小于国民收入的增加量
    C. 增加,增加量小于国民收入的增加量
    D. 增加,增加量大于国民收入的增加量

12. 假设可支配收入增加50美元,消费支出增加45美元,那么边际消费倾向是(　　)。
    A. 0.05　　　　B. 0.10　　　　C. 0.90　　　　D. 1.00

13. 假设当可支配收入等于20 000美元时,消费等于18 000美元,当可支配收入增加到22 000美元时,消费就增加到19 200美元,那么边际消费倾向和边际储蓄倾向等于(　　)。
    A. 0.90,0.10　　B. 0.87,0.13　　C. 0.60,0.40　　D. 0.40,0.60

14. 关于总支出曲线的描述中,正确的是(　　)。
    A. 截距为负,斜率小于45°线的斜率　　B. 截距为负,斜率大于45°线的斜率
    C. 截距为正,斜率小于45°线的斜率　　D. 截距为正,斜率大于45°线的斜率

15. 在两部门经济中,均衡发生于( )之时。
    A. 实际储蓄等于实际投资
    B. 实际的消费加实际的投资等于产出值
    C. 计划储蓄等于计划投资
    D. 总支出等于企业部门的收入

三、计算题

1. 假设某经济社会的消费函数为 $C=100+0.8Y$,投资为 50(单位:10 亿美元)。
   (1) 求均衡收入、消费和储蓄。
   (2) 如果当时实际产出(即 GDP 或收入)为 800,企业非意愿存货积累为多少?
   (3) 若投资增至 100,求增加的收入。
   (4) 若消费函数变为 $C=100+0.9Y$,投资仍为 50,收入和储蓄各为多少?投资增至 100 时收入增加多少?

2. 假定某经济社会中有如下行为方程:$C=100+0.6Y_d$,$I=50$,$G=250$,$T=100$,试求:
   (1) 均衡收入和可支配收入。
   (2) 消费支出。
   (3) 私人储蓄和政府储蓄。

3. 假定某经济社会的消费函数为 $C=100+0.8Y_d$,投资支出为 $I=50$,政府购买 $G=200$,政府转移支付 $TR=62.5$,税收 $T=250$(单位均为 10 亿元),试求均衡的国民收入。

4. 假定某经济社会的消费函数 $C=30+0.8Y_d$,税收 $T=50$,投资 $I=60$,政府支出 $G=50$,净出口函数 $NX=50-0.05Y$。
   (1) 试求均衡收入。
   (2) 试求在均衡收入水平上净出口余额。
   (3) 试求投资从 60 增加到 70 时的均衡收入和净出口余额。
   (4) 试求当净出口函数变为 $NX=40-0.05Y$ 时的均衡收入和净出口余额。
   (5) 变动国内自发性支出 10 和变动自发性净出口 10 对净出口余额的影响何者大一些,为什么?
   (6) 假定消费函数、投资、政府支出及净出口函数都不变,但税收从定量税变为比例税,其税收函数为 $T=6.25+0.15Y$,试求均衡收入。

四、简答题

1. 政府购买和政府转移支付都属于政府支出,为什么计算总需求时只计进政府购买而不包括政府转移支付?
2. 有时候一些西方经济学家断言,将一部分国民收入从富有者转给贫者,将提高总收入水平,你认为他们的理由是什么?
3. 税收、政府购买和转移支付这三者对总支出的影响方式有何区别?

五、简述题

1. 两部门经济条件下的国民收入有哪些影响因素?请用图形表明各影响因素的影响过程和结果。

2. 凯恩斯国民收入决定理论的假定条件是什么?

3. 有人认为,如果一个国家的国民都非常节俭,则这个国家必将成为富有的国家,请分析这种观点。

推荐阅读

[1] 高鸿业. 西方经济学(宏观部分)[M]. 5版. 北京:中国人民大学出版社,2011:第十三章.
[2] 凯恩斯. 就业、利息和货币通论[M]. 高鸿业,译. 北京:商务印书馆,1999.
[3] 魁奈. 魁奈经济表及著作选[M]. 晏智杰,译. 北京:华夏出版社,2006.
[4] 胡代光. 凯恩斯主义的发展和演变.[M]. 北京:清华大学出版社,2003.

第四章

失业与通货膨胀理论

【内容提要】

失业和通货膨胀是宏观经济问题中常见的经济现象,许多宏观经济政策都是用来应对这两种经济现象的。失业与通货膨胀理论也是宏观经济学的重要组成部分。本章围绕失业、通货膨胀问题,系统介绍失业、通货膨胀的原因和相互关系以及主要治理对策。

【学习目标与重点】

(1) 了解失业的分类及影响,掌握通货膨胀的含义、产生的原因以及对经济的影响。

(2) 了解政府治理失业与通货膨胀的政策措施。

(3) 理解失业与通货膨胀的关系。

【关键术语】

失业;自然失业率;通货膨胀;菲利普斯曲线;适应性预期

【引入案例】

我国特定的转型期下岗

下岗,是我国转型时期一种特殊的现象。下岗人员是指因企业生产经营状况等原因,尚未与企业解除劳动关系,但在原单位已无工作岗位,且未在社会上再就业的职工。我国的下岗失业主要原因在于两方面。

一方面,产业结构调整和技术进步带来了结构性下岗失业。随着我国经济体制和经济增长方式的转变,劳动力需求结构必然发生变化,从而带来相关产业职工的下岗分流。

另一方面,隐性失业显性化。计划经济时期,企业不是按经济规律来运作的,劳动力等生产要素也不是以市场为基础进行配置的。企业除了具有经济职能外,还承担着容纳社会劳动力的任务,100%的就业率下掩盖的是严重的隐性失业,"三个人的活五个人干,三个人的饭五个人吃"。随着经济体制改革的深入发展,拥有经营自主权的企业必然要实行减员增效,职工下岗失业的显性化也就是不可避免的。

改编自:赵辉.经济学(宏观)[M].大连:大连理工大学出版社,2010:25-26.

第一节 失业理论

古典经济学认为,市场机制可以进行自动调节,能够解决各种经济矛盾,保证充分就业。但事实证明,失业是经常存在的。特别是 20 世纪 30 年代的经济大萧条,彻底打破了古典经济学家对宏观经济自动趋于充分就业的美好愿望。从此,失业就成为西方宏观经济学研究的主要问题之一。

一、失业及失业率

失业是指达到就业年龄、具备工作能力、谋求工作但未得到就业机会的状态。因此失业主体（失业者）必须具备3个条件：①有劳动能力；②愿意在现行工资水平下就业；③现在没有工作。

衡量经济中失业状况的最基本的指标是失业率。失业率是失业人数占劳动力总数的百分比，劳动力总数是失业人数与就业人数之和，用公式表示为

$$失业率 = \frac{失业人数}{劳动力人数} \times 100\% \tag{4-1}$$

各国失业率统计方法略有不同，对工作年龄和失业范围也有不同的规定。例如，在美国，劳动力的年龄范围是16～65岁，由劳工统计局采用抽样调查的方法，通过对近60 000户居民进行访问而估计出失业数字，并在每个月的第一个星期五发表前一个月的失业率估计数字。

知识链接 4-1

农业户口将纳入统计指标——中国失业率统计将与国际接轨

中国沿用多年的唯一失业率指标——"城镇登记失业率"，由于强调"非农业户口"和"在当地就业机构登记"，并不能反映失业的真实状况。国家统计局从2005年11月开始进行"调查失业率"的抽样统计，其中农民首次被纳入调查范围。在可预见的时间内，官方将定期公布调查数据。这意味着人们将能获知中国真实的失业水平，失业率将真正发挥宏观经济的风向标作用。

城镇登记失业人员的定义，是指拥有非农业户口、在一定的劳动年龄内（16周岁至退休年龄）、有劳动能力、无业而要求就业，并在当地就业服务机构进行求职登记的人员。凡是没有非农业户口，或者有非农业户口，但是没有进行求职登记的都不算失业者。这个概念中所强调的"非农业户口"统计，对于类似深圳市这类高比例移民城市已经完全不适合了。

以往概念认为，农民因为拥有土地保障，所以不能算是失业。而今工业化与城市化进程以始料未及的方式使大批农民失去土地。中国社科院社会学所曾经做过专题调研，按征用土地量和农民人均土地量的保守估算，目前全国有约4 000万失地农民。由于土地征用的法律制度严重滞后、征地补偿安置费低，造成近几年来与此相关的上访事件以及恶性冲突明显增多，失去土地而又未得到妥善安排、公正补偿的农民能算就业吗？

许多学者认为城镇登记失业率很大程度上不能反映失业率这一宏观经济中的重要指标，纷纷提出了自己的研究结果，有人称真实的失业率应为8%，有人提出20%。因此，社会各界都呼吁中国政府应该尽快建立和国际接轨的失业率调查制度并定期发布调查失业率，使这一调查成为中国劳动力就业与失业基础统计信息的基本来源。

个案研究 4-1

2012 年我国失业率

2012 年年末全国就业人员 76 704 万人,其中城镇就业人员 37 102 万人。全年城镇新增就业 1 266 万人。年末城镇登记失业率为 4.1%,与上年年末持平。全国农民工[①]总量为 2 6261 万人,比上年增长 3.9%。其中,外出农民工 16 336 万人,增长 3.0%;本地农民工 9 925 万人,增长 5.4%。

摘编自:中华人民共和国 2012 年国民经济和社会发展统计公报,中华人民共和国国家统计局,2013 年 2 月 22 日。

二、自愿失业与非自愿失业

失业有很多种类,根据劳动者的主观就业意愿,失业分为自愿失业与非自愿失业。

1. 自愿失业

所谓自愿失业是指工人所要求的实际工资超过其边际生产率,或者不愿意接受现行的工作条件和收入水平而未被雇用造成的失业。由于这种失业是由于劳动人口主观不愿意就业造成的,所以称为自愿失业。自愿失业无法通过经济手段和政策来消除,因此不是经济学所研究的范畴。

2. 非自愿失业

所谓非自愿失业,是指有劳动能力、愿意接受收现行工资水平但仍然找不到工作的现象。这种失业是由于客观原因所造成的,因而可以通过经济手段和政策来消除。

非自愿失业又可以分为摩擦性失业、季节性失业、结构性失业和周期性失业。

(1) 摩擦性失业是指生产过程中难以避免的、由于转换职业等原因而造成的短期局部失业。这种失业的性质是过渡性的或短期性的。它通常起源于劳动的供给方,因此被看作一种求职性失业,像人们换工作或找新的工作便是这种失业的例子。工作机会和寻找工作的人匹配在经济中并不总是顺利地发生,结果一些人便得不到工作。摩擦性失业在任何时期都存在,并将随着经济结构变化而有增大的趋势,但从经济和社会发展的角度来看,这种失业存在是正常的。

摩擦性失业是不可避免的,也是市场经济中一个正常的经济现象,但这并不意味着摩擦性失业是不可减少的。我们知道,就业信息在劳动市场中传播的速度越快,工人们寻找工作的时间就会越短。例如,互联网就非常有助于提高失业者寻找新工作的效率,减少摩擦性失业。所以政府提高劳动市场效率的公共政策都能起到减少摩擦性失业的作用。例如政府建立和管理职业介绍所,由政府收集和发布就业信息,由政府兴办或资助各类培训计划以帮助失业者顺利地从衰落的行业转移到增长迅速的行业。

(2) 季节性失业指某些行业中由于工作的季节性而产生的失业。许多工作具有季节性,例如游泳教练、滑雪教练、收割小麦、采摘棉花等工作,工作的季节性就会造成季节性

---

① 年度农民工数量包括年内在本乡镇以外从业 6 个月以上的外出农民工和在本乡镇内从事非农产业 6 个月以上的本地农民工两部分。

失业。从事这些工作的人在这些季节结束以后就必须寻找新的工作,在寻找新工作的过程中就会发生季节性失业。此外,劳动力市场中供给方的变化也可能引起季节性失业。例如在暑期,由于大学生大量进入劳动力市场,寻找临时性的暑期工作,失业率就会在这个季节急剧上升。

(3) 结构性失业是指劳动力的供给和需求不匹配所造成的失业。其特点是既有失业,也有职位空缺,失业者或者没有合适的技能,或者居住地点不当,因此无法填补现有的职位空缺。结构性失业在性质上是长期的,而且通常起源于劳动力的需求方。结构性失业是由经济变化导致的,这些经济变化引起特定市场和区域中的特定类型劳动力的需求相对低于其供给。

以下原因可能导致特定市场中劳动力的需求相对较低。

① 技术变化。原有劳动者不能适应新技术的要求,或者是由于技术进步使得劳动力需求下降。

② 消费者偏好的变化。消费者对产品和劳务的偏好改变,使得某些行业扩大而另一些行业缩小,处于规模缩小行业的劳动力因此失去工作岗位。

③ 劳动力的不流动性。流动成本的存在制约着失业者从一个地方或一个行业流动到另一个地方或另一个行业,从而使得结构性失业长期存在。

概念辨析 4-1

结构性失业与摩擦性失业的比较

结构性失业与摩擦性失业既有区别又有联系。两者的共同点是每出现一个失业者,就有一个职位空缺。两者的区别在于:摩擦性失业中劳动力供给结构与劳动力需求结构是相吻合的,对于每一个寻找工作的失业者都有一个适合于他的职位空缺,只是他尚未找到而已。在结构性失业中,劳动力供给结构与劳动力需求结构是不相吻合的,寻找工作的失业者找不到与自己的技能、职业、居住地相符合的工作。另外,摩擦性失业的时间一般较短,结构性失业持续的时间较长。

(4) 周期性失业是指经济周期中衰退或萧条时,因社会总需求下降而造成的失业。当经济发展处于一个周期中的衰退期时,社会总需求不足,因而厂商的生产规模也缩小,从而导致较为普遍的失业现象。周期性失业对于不同行业的影响是不同的。一般来说,需求收入弹性越大的行业,周期性失业的影响越严重。也就是说,人们收入下降,产品需求大幅度下降的行业,周期性失业情况比较严重。这种失业是由于总需求不足引起的,因此也称为"需求不足的失业"。

个案研究 4-2

源于美国金融危机的周期性失业

2007年4月,美国爆发了"次贷危机",并迅速席卷了美国、欧洲各大金融机构,并由此引发了全球金融危机。金融危机爆发以来,不仅美国金融机构住房抵押贷款损失大幅度增加,许多持有美国住房抵押贷款支持债券的机构也出现较大亏损。截至2009年

> 7月3日,美国共有52家银行倒闭,创下1992年以来的最高纪录,已超过2008年全年25家的两倍。2009年5月美国20个主要城市的房屋中间价与2006年7月最高峰相比下跌了32%。美国劳工部2009年7月2日公布的数据显示,美国6月新增失业人口46.70万,失业率上升到9.5%,创26年新高,失业率增速比预期的要快。
>
> 摘编自:武力.中华人民共和国经济史(下卷)[M].北京:中国时代经济出版社,2010:1090-1092.

三、自然失业率

充分就业是与失业密切相关的概念,充分就业是宏观经济政策的重要目标之一。从广义上说,它是指一切生产要素(包含劳动)都有机会以自己愿意接受的报酬参加生产的状态。从狭义上说,它是指在现有的工资水平和工作条件下,所有愿意工作的人都参加了工作的状态。但在变化快速的经济生活中,永远存在着职业流动和行业的结构性兴衰,所以总有少部分人会失业。

有关充分就业的定义,西方经济学家曾提出几种说法。凯恩斯认为,如果非自愿失业已消除,失业仅局限于摩擦性失业和自愿失业,就实现了充分就业。可见充分就业并非百分之百就业。另外一些经济学家认为,如果职位空缺总额恰好等于寻业人员的总额,即需求不足型失业等于零,就是实现了充分就业。还有些经济学家认为,如果再要提高就业率,必须以通货膨胀为代价,那么就已实现了充分就业。

所谓自然失业率是指在没有货币因素干扰的情况下,让劳动市场和商品市场的自发供求力量起作用时,总需求和总供给处于均衡状态下的失业率。换句话说,自然失业率就是指经济中消灭了周期性失业以后的失业率,即摩擦性失业和结构性失业占劳动人口的比重。自然失业率并不是一个固定不变的值,它随着经济社会的发展而变化,一般由政府根据有关调研数据来确定。例如,美国在一个较长的时期内确认其自然失业率为5%,也就是说,当美国的失业率在5%或以下时,政府就不会采取有关措施来干预劳动市场的运行。

四、失业的代价

就社会整体而言,失业意味着人力资源的浪费。对失业的个人来说,失业意味着生活水平的下降和心理上的痛苦。另外,失业也是一个严重的社会问题,失业本身还会造成除国民收入减少以外的社会代价。

1. 失业造成的经济损失

失业会造成人力资源的浪费,进而会带来生产设备以及其他经济资源的大量闲置,生产性资源的闲置使生产能力开工不足,直接减少了社会产品,降低了国民收入。失业所造成的国民收入的直接损失是巨大的。当经济处于非充分就业状态,即存在周期性失业时,可以用奥肯定律来估计损失的产量。

> **知识链接 4-2**
>
> **奥肯定律**
>
> 曾任美国前总统约翰逊首席经济顾问的美国经济学家阿瑟·奥肯研究了失业率变动对实际国民收入的影响,提出了奥肯定律。奥肯定律说明的是失业率与实际国民收入增长率之间关系的经验统计规律。
>
> 奥肯定律的内容是失业率每高于自然失业率1个百分点,则实际GDP将低于潜在GDP 2个百分点。
>
> 理解这一规律时应注意:首先,它表明了失业率与实际国民收入增长率之间是反方向变动的关系;其次,失业率与实际国民收入增长率之间1:2的关系只是一个平均数,是根据经验统计资料得出的,在不同时期、不同国家数字略有不同;最后,奥肯定律适用于没有实现充分就业的情况。

失业除了能够给整个社会造成直接经济损失外,还会对一国的财政状况产生重大影响。由于工人的工资所得及企业的收入所得都要缴税,当工人失业时,工人收入下降,企业开工不足,利润下降,政府的税收收入也会大大减少。

2. 失业造成的社会损失

失业所带来的另一重大损失是失业者及其家庭所面临的个人损失和心理上的打击。失业所造成的这部分社会损失是无法用货币的形式来表示的,但这种影响是巨大的。失业会使失业者及其家庭的收入和消费水平下降,特别是在没有失业保障制度的情况下,失业者的悲惨状况可想而知。如果一个工人长期没有稳定的职业,他会丧失某种劳动技能和自我肯定,还会遭受焦虑之苦。

失业还会造成失业者的失望和不满,会导致社会犯罪率、离婚率的上升,并有可能引发社会骚乱。由此可以看出失业在政治上占有重要地位的原因。失业问题直接关系到政治的稳定,任何政府都十分关注失业问题,政府在制定宏观经济政策时也不得不考虑其对失业的影响。

五、降低失业的措施

针对失业的劳动力供给大于劳动力需求的状况,可主要从劳动力供给和劳动力需求两方面采取措施降低失业率。

1. 劳动力供给方面的措施

一国政府要想采取措施降低失业率,首先应使劳动力的供给在数量、结构和质量上与劳动力的需求相符合。控制劳动力的供给规模,政府可以通过延长劳动力的受教育时间,推迟青年人进入就业市场的时间来延缓失业状况。另外,延长受教育时间,还可以提高劳动力的素质,从而降低结构性失业。

针对容易失业的劳动者群体,如青年人、妇女、低技能劳动者及缺乏劳动经验的人,可以通过降低最低工资、加强职业培训来降低他们的失业率。例如,欧洲的学徒制度因为能使青年人接受在职培训而受到广泛的赞誉,该制度不仅为青年人提供了正式的工作,而且使他们成为长期具有生产能力的工人。

2. 劳动力需求方面的措施

可以提供就业的信息服务,加强劳动力的流动性,还可以通过完善失业保障制度,使失业者能维持基本的生活水平,达到社会公平的目的。但是,失业保障制度会对一国的就业水平产生负面影响。首先,失业保障制度能使人们有更多的时间求职,这会提高整个社会的失业率。其次,失业保障制度会产生就业稳定性效应。尤其是在萧条时期,失业救济能刺激企业暂时解雇工人而不再保留工人的职位。针对这种效应,政府可以通过经验评级制度对失业率高的企业征收较高的失业保险税,从而刺激企业走向更加稳定的就业水平。再次,由于有人实际上并不需要工作,但为了领取失业救济金又必须是寻找工作的"在册劳动力",所以,失业保障制度能提高失业率。

由此可见,在失业保障制度的设计过程中,必须权衡减轻失业者的痛苦和高失业救济金能提高失业率的可能性二者之间的利弊。政府对失业保障制度进行改革时,必须尽可能地减少其负面影响。

第二节　通货膨胀理论

一、通货膨胀的含义

通货膨胀是指物价水平在一定时期内持续的、普遍的上升过程,或者指货币实际购买力在一定时期内持续的下降过程。理解通货膨胀要注意以下 4 个方面。

第一,一般物价水平上涨不是指个别商品价格的上涨。在市场经济中,商品价格总是不断变化的,有的上升,有的下降,上升或下降程度大小与时间早晚也不一致。通货膨胀并不是说所有的商品价格都上涨,而是指平均价格水平或一般物价水平的上涨。

第二,一般物价水平上涨,包括各种各样的物价水平上涨,有公开形式、变相形式、隐蔽形式。

第三,一般物价水平持续的上涨,不是暂时或偶然的价格上涨。持续的上涨是指连续不断地一直在上涨,在经济周期中一般物价水平上涨一阵,又下降一阵,如灾害、季节变化出现的物价波动,这并不是通货膨胀,通货膨胀意指一般物价水平运动呈上升趋势。

第四,一般物价水平显著的上涨。市场上商品价格时时刻刻都在变化,不是一般物价水平稍有波动或上升就是通货膨胀,而是一般物价水平相当幅度的上涨。

与通货膨胀相对的概念是通货紧缩,指的是一般价格水平的持续性下降。

【课堂讨论 4-1】

讨论当前的物价形势。

二、通货膨胀的衡量

1. 物价指数

在宏观经济分析中,一般物价水平指的是各类商品和劳务的价格加总的平均数,用物价指数表示。物价指数是目前世界各国衡量通货膨胀的主要指标之一,是表明商品价格从一个时期到下一时期变动程度的指数。由于统计口径、方法和选择对象不同,反映物价水平变化的物价指数有多种,其中最主要和常用的有以下 3 种。

(1) 消费价格指数,简称 CPI,又称零售物价指数或生活费用指数,它是衡量各个时期居民个人消费的商品和劳务价格变化的指标。这是与居民个人生活最为密切的物价指数,因为这个指标最能衡量居民货币的实际购买力水平,具体的计算公式为

$$\text{CPI} = \frac{\text{本期价格指数}}{\text{基期价格指数}} \times 100\% \tag{4-2}$$

(2) 生产者价格指数,简称 PPI,又称批发价格指数,是衡量各个时期生产者在生产过程中用到的产品的价格水平的变动而得到的指数。通常这些产品包括成品和原材料。

(3) GDP 折算指数,是衡量各个时期所有产品和劳务的价格变化的指标。它是按当年价格计算的国内生产总值对按基期年价格计算的国内生产总值的比率。由于其统计计算对象包括所有计入 GDP 的最终产品和劳务,所以能较全面地反映一般物价水平变化。

2. 通货膨胀率

通货膨胀的程度通常用通货膨胀率来衡量。通货膨胀率被定义为从一个时期到另一个时期价格水平变动的百分比。用公式来表示就是:

$$\text{通货膨胀率} = \frac{P_t - P_{t-1}}{P_{t-1}} \tag{4-3}$$

式中,P_t 和 P_{t-1} 分别为 t 时期和 $(t-1)$ 时期的价格水平。

个案研究 4-3

2012 年我国通货膨胀率

2012 年居民消费价格比 2011 年上涨 2.6%,其中食品价格上涨 4.8%。固定资产投资价格上涨 1.1%。工业生产者出厂价格下降 1.7%。工业生产者购进价格下降 1.8%。农产品生产者价格[①]上涨 2.7%。

数据来源:中华人民共和国 2012 年国民经济和社会发展统计公报,中华人民共和国国家统计局,2013 年 2 月 22 日.

三、通货膨胀的分类

1. 按物价上涨的速度分类

(1) 温和的通货膨胀。它是指每年物价上升的比例在 10% 以内。一般认为温和的通货膨胀不会对经济造成巨大的恶性影响,甚至还有经济学家认为这种缓慢而持续的价格上升对经济和收入的增长有积极的刺激作用。

(2) 奔腾的通货膨胀。它是指年通货膨胀率在 10% 以上和在 100% 以下。这时,货币流通速度提高而货币的实际购买力下降,对于经济具有较大的破坏作用,因为当这种通货膨胀发生以后,由于价格上升速度快、上升幅度大,公众预期价格还会进一步上升,因而会采取各种手段来保护自己,如将货币换成房产、汽车、黄金和珠宝等保值商品,或者大量

---

① 农产品生产者价格是指农产品生产者直接出售其产品时的价格。

的囤积商品,从而使得产品市场和劳动市场的均衡遭到破坏,正常的经济运行秩序被破坏,经济体系受损。

(3) 超级的通货膨胀。它是指通货膨胀率在100%以上。发生这种通货膨胀时,价格持续猛升,人们都尽快地使货币脱手,使货币流通的速度进一步加快。其结果是货币完全失去了人们的信任,货币的购买力大幅下降,各种正常的经济联系遭到破坏,以致货币体系最后完全崩溃。在严重的情况下,还会出现社会动乱。

2. 按对物价影响的差别分类

(1) 平衡的通货膨胀。即每种商品的价格都按相同的比例上升。这里所指的商品价格包括生产要素以及各种劳动的价格,如工资率、租金、利率等。平衡的通货膨胀对整个经济活动不会产生什么严重的影响。然而,这种情况在现实经济生活中并不多见。

(2) 非平衡的通货膨胀。即各种商品价格上升的比例并不完全相同。现实中发生的通货膨胀大多属于这种类型。

3. 按照人们对物价上涨的预期分类

(1) 未预期到的通货膨胀。即人们没有预料到价格会上升,或者是价格上升的速度超过了人们的预计。未被预期的通货膨胀可能会导致货币工资率的上升滞后于物价的上升,从而使利润上升,至少暂时会有一种扩大就业、扩大总产出水平的效应。

(2) 预期到的通货膨胀。即人们预料到价格会上升。如果通货膨胀事先已经完全预料到,那么各经济主体将按其预期来调整其经济行为,如工会在物价上升前就要求增加工资,从而使通货膨胀的短期扩张效应不会产生。预期到的通货膨胀具有自我维持的特点。

4. 按照物价上涨表现形式不同分类

现实经济社会中的通货膨胀有不同的表现形式,物价水平上涨在不同程度与不同范围反映出来。据此,可以把通货膨胀分为以下3种。

(1) 公开性通货膨胀。通货膨胀是完全通过一般物价水平上涨形式反映出来,物价上涨率就是通货膨胀率。在一般情况下,通货膨胀都是公开性的。

(2) 隐蔽性通货膨胀。它是指在社会经济生活中已出现一般物价水平上涨,但并没有在官方物价指数变化中完全表现出来的通货膨胀。由于物价上涨在官方物价指数上没得到充分和准确的反映,或者漏掉了,或者隐蔽起来了。因此,官方物价指数反映的物价上涨率低于实际发生的物价上涨率。出现这种情况的原因是官方物价指数编制方面存在缺陷。

(3) 抑制性通货膨胀。它是指在社会经济中存在着通货膨胀压力时,由于政府严格管制,商品价格无法上涨,因而在现行价格水平条件下,商品普遍短缺,出现强迫储蓄的状况。在抑制性通货膨胀中,过度需求不会因政府对价格的控制而消失,而是转化为商品短缺和供应紧张。抑制性通货膨胀严重到一定程度,物价最终还会突破限制而有所上涨,只是此类上涨一般是滞后的、有限的。

四、通货膨胀的原因

1. 需求拉上的通货膨胀

需求拉上的通货膨胀又称超额需求型通货膨胀,是指总需求超过总供给所引起的一般物价水平普遍而持续的上升。通俗地说,这种通货膨胀是"过多的货币追逐过少的商品",因而物价上升。下面用图4-1来说明总需求是如何拉动物价上升的。

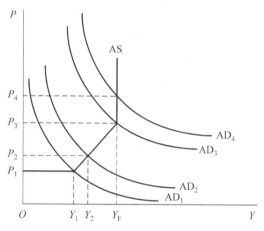

图4-1 需求拉上的通货膨胀

在图4-1中,横轴Y表示国民收入,纵轴P表示一般物价水平,AD为总需求曲线,AS为总供给曲线。总供给曲线AS起初为水平状态,这表示在国民收入水平较低时,总需求的增加不会引起价格水平的上升。

当国民收入增加到Y_1时,总需求继续增加,此时将导致国民收入和一般价格水平同时上升,总需求从AD_1增加到AD_2时,国民收入从Y_1增加到Y_2的水平,价格也从P_1上升到P_2的水平。

也就是说,在这个阶段,总需求的增加,在提高国民收入的同时也拉升了一般价格水平;当国民收入增加到潜在的国民收入水平即Y_F时,此时国民经济已经处于充分就业的状态,在这种情况下,总需求的增加只会拉动价格上升,而不会使国民收入增加,总需求从AD_3上升到AD_4,国民收入仍然保持在Y_F,但物价水平从P_3上升到P_4水平。

由以上分析可知,当经济体系中有大量资源闲置时,总需求的增加不会引起物价上升,只会导致国民收入增加;当经济体系中的资源接近充分利用时,总需求的增加会同时拉升国民收入和一般价格水平;当经济体系中的资源利用达到充分就业状态时,总需求的增加不会使国民收入增加,而只会导致一般价格水平上升。

2. 成本推动的通货膨胀

成本推动的通货膨胀,又称成本通货膨胀或供给通货膨胀,是指在没有超额需求的情况下由于供给方面成本的提高所引起的通货膨胀。成本的增加意味着只有在高于以前的价格水平时,才能达到与以前同样的产量水平,即总供给曲线向左上方移动。

在总需求不变的情况下,总供给曲线向左上方移动使国民收入减少,价格水平上升。这种价格上升就是成本推动的通货膨胀,可以用图4-2来说明此种情况。

在图4-2中,原来的总供给曲线AS_1与总需求曲线AD决定了国民收入水平为Y_1,价格水平为P_1,成本增加后,总供给曲线向左上方移动到AS_2,总需求保持不变,从而决定了新的国民收入为Y_2,价格水平为P_2。价格水平由P_1上升到P_2是由于成本的增加

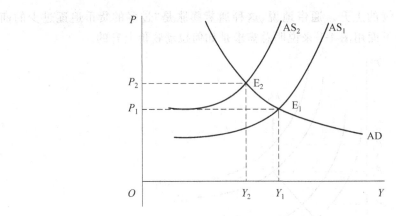

图 4-2 成本推动的通货膨胀

所引起的,这即是通常所说的成本推动的通货膨胀。

引起成本增加的原因并不完全相同,因此成本推动的通货膨胀又可以根据其原因的不同而分为以下几种。

(1) 工资成本推动的通货膨胀

工资是厂商成本中的主要构成部分之一,工资水平的上升会导致厂商成本增加,厂商因此而提高产品和劳务的价格,从而导致通货膨胀。在劳动市场存在着工会的卖方垄断的情况下,工会利用其垄断地位要求提高工资,雇主迫于压力提高了工资后,就会将提高的工资加入成本,提高产品和劳务的价格,从而引起通货膨胀。

工资的增加往往是个别部门开始的,但由于各部门之间工资的攀比行为,个别部门工资的增加往往会导致整个社会的工资水平上升,从而引起普遍的通货膨胀,而且这种通货膨胀一旦形成,还会形成"工资—物价螺旋式上升",即工资上升引起物价上升,物价上升又引起工资上升。这样,工资与物价不断互相推动,形成严重的通货膨胀。

(2) 利润推动的通货膨胀

其也称价格推动的通货膨胀,是指市场上具有垄断地位的厂商为了增加利润而提高价格所引起的通货膨胀。在不完全竞争的市场中,具有垄断地位的厂商控制了产品的销售价格,从而可以提高价格以提高利润。

这种通货膨胀是由于利润的推动而产生的,尤其是在工资增加时,垄断厂商以工资的增加为借口,更大幅度地提高物价,使物价的上升幅度大于工资的上升幅度,其差额就是利润的增加,这种利润的增加使物价上升,形成通货膨胀。

工资推动和利润推动实际上都是操纵价格的上升,其根源在于经济中的垄断,即工会的垄断形成工资推动,厂商的垄断引起利润推动。

(3) 原材料成本推动的通货膨胀

这是指厂商生产中所需要的原材料的价格上升推动产品和劳务的价格上升而形成的通货膨胀。在现代经济中,某些能源或关键的原材料供给不足,会导致其价格上升,进而引起厂商成本上升,如石油价格的上升,或者是某种进口原材料价格的上升等,最典型的事例是 20 世纪 70 年代覆盖整个西方发达国家的滞胀(经济停滞和通货膨胀同时并存),

其主要根源之一就在于当时石油价格的大幅度上升。

3. 结构性通货膨胀

在没有需求拉动和成本推动的情况下,只是由于经济结构因素的变动,也会引起一般价格水平的持续上升,这种原因导致的一般价格水平的持续上升称为结构性通货膨胀。

从生产率提高的角度来看,社会经济结构存在着这样的特点,即一些部门生产率提高的速度快,另一些部门生产率提高的速度慢;从经济发展的过程看,社会经济结构存在着这样的特点,即一些部门正在迅速发展,另一些部门则日趋衰落;从世界市场的关系来看,社会经济结构存在着这样特点,即一些部门(开放部门)同世界市场的联系十分密切,另一些部门(非开放部门)同世界市场没有密切联系。

一般来说,生产率提高速度快的部门的工资水平提高快,而生产率提高速度慢的部门的工资水平提高慢,但是处于生产率提高速度慢的部门的工人要求"公平",由于工会的存在,他们关于提高工资水平的要求往往会实现,使得整个社会的工资增长率超过劳动生产率,从而引起通货膨胀。同样,在迅速发展的部门和日趋衰落的部门、开放部门和非开放部门之间也会产生这种情况。

当然,通货膨胀是现代经济社会中常见的也是复杂的一个社会经济现象,其产生的根源往往不仅仅是上述三种原因中的某一种,而是由其中的两种甚至三种原因共同交织在一起。

五、通货膨胀对经济的影响

通货膨胀对社会和个人的经济生活都会产生影响。一般可以将通货膨胀对经济的影响分成两种,即通货膨胀的收入再分配效应和通货膨胀的产出效应。

1. 通货膨胀的收入再分配效应

通货膨胀意味着人们手中持有货币的购买力下降,从某种程度上来讲,是人们过去劳动成果的缩水,也就是说,通货膨胀会导致人们的实际收入水平发生变化,这就是通货膨胀的再分配效应,但是通货膨胀对不同经济主体的再分配效应是不同的。

(1)通货膨胀不利于靠固定货币收入维持生活的人。对于固定收入阶层来说,其收入是固定的货币数额,落后于上升的物价水平。也就是说,他们获得货币收入的实际购买力下降了,其实际收入因通货膨胀而减少,如果他们的收入不能随通货膨胀率变动,他们的生活水平必然降低。

在现实生活中,靠政府救济金维持生活的人比较容易受到通货膨胀的冲击,因为政府的救济金发放水平的调整相对较慢。此外,工薪阶层、公务员以及其他靠福利和转移支付维持生活的人,都比较容易受到这种冲击。而那些收入能随着通货膨胀变动的人,则会从通货膨胀中得益。

例如,在扩张中的行业工作并有强大的工会支持的工人就是这样,他们的工资合同中有工资随生活费用的上涨而提高的条款,或有强有力的工会代表他们进行谈判,在每个新合同中都有可能得到大幅度的工资增长。

(2)通货膨胀对储蓄者不利。随着价格上升,存款的购买力就会降低,那些持有闲置货币和存款在银行的人会受到严重打击。同样,像保险金、养老金以及其他固定价值的证券财产等，它们本来作为防患未然和养老的，在通货膨胀中，其实际价值也会下降。

(3) 通货膨胀还会在债务人和债权人之间产生收入再分配的作用。具体来说，通货膨胀牺牲了债权人的利益而使债务人得益。例如，甲向乙借款1万元，约定一年以后归还，假定这一年中发生了通货膨胀，物价上升了一倍，那么一年后甲归还给乙的1万元只能购买到原来一半的产品和劳务，也就是说，通货膨胀使得乙损失了一半的实际收入。

为了反映通货膨胀对于存款人实际收入的影响，一般用实际利率来代替名义利率，实际利率等于名义利率减去通货膨胀率，假设银行存款利率为5％，而通货膨胀率为10％，则此时存款的实际收益率为－5％。2004年、2008年和2010年我国的物价涨幅都高于利率，实际的利率为负。

实际研究表明，第二次世界大战以后，西方国家政府从通货膨胀中获得了大量再分配的财富，其来源有两点。

① 政府获得了通货膨胀税收入。因为政府税收中有部分税收是累进的，如个人收入所得税。因此，某些经济学家认为，希望政府去努力制止通货膨胀是比较难的。

② 现代经济中，政府都把发行公债作为筹集资金手段和政府调控经济的手段，从而使得政府都有较大数额的国债，通货膨胀使得政府作为债务人而获益。

2. 通货膨胀的产出效应

一般认为，温和的通货膨胀对经济发展比较有利。因为人们消费时有"买涨不买跌"的倾向，即当人们认为物价会上涨时，会采取及时消费的策略，消费增加会刺激厂商扩大生产规模，从而使就业增加，国民收入上升；当人们认为物价将下跌时，会采取持币等待的策略，消费减少会导致厂商缩小生产规模，从而失业增加，国民收入下降。当然，这只是一般的分析，通货膨胀的产出效应有以下3种情况。

(1) 随着通货膨胀的出现，产出增加。这就是需求拉动型通货膨胀的刺激促进了产出水平的提高，这种情况产生的前提条件是有一定的资源闲置。当一个经济体系有一定的资源闲置时，物价温和的上涨会刺激人们的购买欲望，从而增加消费，拉动了就业和产出水平的提高。

(2) 成本推动型通货膨胀导致失业。也就是说，通货膨胀引起就业和产出水平的下降。这种情况产生的前提条件是经济体系已经实现了充分就业，在这种情况下，如果发生了成本推动型通货膨胀，则原来总需求所能购买的实际产品的数量将会减少。

当成本推动的压力抬高物价水平时，既定的总需求只能在市场上支持一个较小的实际产出。所以，实际产出会下降，失业会上升。例如，1973年，石油输出国组织的石油价格翻了两番，从而引发了成本推动型通货膨胀；与此同时，1973—1975年美国等主要发达国家的物价水平迅速上升，美国的失业率从1973年的不到5％上升到了1975年的8.5％。

(3) 超级通货膨胀导致经济崩溃。首先，当物价持续上升时，居民和企业都会产生通货膨胀的预期，即估计物价会再度升高。在这种情况下，人们就不会让自己的储蓄和现行的收入贬值，而宁愿在价格上升前将货币花掉，从而产生过度的消费购买，导致储蓄和投资都会减少，产出水平下降。

其次，随着通货膨胀而来的是生活费用的上升，劳动者会要求提高工资，企业成本上升,导致企业生产规模缩小,产出水平下降。再次,企业在通货膨胀率上升时会力求增加存货,以便在稍后按高价出售以增加利润,从而使得市场可供销售的货物可能减少,物价将进一步上升。最后,当出现恶性通货膨胀时,情况会变得更坏,经济体系极有可能陷入崩溃。

六、治理通货膨胀的政策

1. 紧缩性的需求管理政策

在政策上,可以通过实施紧缩性的财政政策和货币政策来实现。在方法上,可以采取激进主义政策(冷火鸡政策)和渐进主义政策,前者是指政府通过突击性大规模的紧缩性的需求管理政策,以名义GDP明显下降和失业率显著提高为代价,在短时期内尽快消除通货膨胀的政策。后者是指政府持续不断地紧缩总需求,在较长的时间内逐步消除通货膨胀的政策,其基本特征是较低的失业率和较长的时间。

2. 收入政策

收入政策是政府为了降低一般物价水平上升的速度而采取的限制货币工资和价格的政策。因此,收入政策也叫做工资和物价管制政策。

收入政策的理论基础是成本推动通货膨胀的理论。西方经济学家认为工会是垄断组织,工会与垄断厂商分别具有提高工资与商品价格的垄断力量。工会与垄断厂商的垄断,使生产成本不断上升,导致了成本推动的通货膨胀。因此,要降低通货膨胀率,就要对工资和物价进行管制,实行收入政策。收入政策具体有以下3种方法。

(1) 实行工资和价格指导指标

工资和价格指导就是把工资和物价上涨的幅度限定在一定的范围内。1962年年初,美国总统经济顾问委员会在提交总统的年度报告中,首次提出实行工资和价格指导指标。当时规定,当年的工资和价格增长率为3.2%。但是,事实上,在工资限制在这个指标内的同时,商品价格则高出了3.2%这个指标,于是引起了工人的反对,到1968年,美国总统经济顾问委员会于1962年提出的工资和价格指导指标暂告废止。

(2) 冻结工资和物价

1971年8月,时任美国总统尼克松宣布实行3个月的工资和物价冻结的政策。同年11月,冻结工资和物价的政策进入第二阶段。这种政策在抑制工资和物价上涨上,收到了比较显著的效果。美国的物价水平1968年为4.2%,1969年为5.5%,1970年为5.7%,而在实行了冻结工资和物价的收入政策后,从1971年到1972年中期,物价只上涨了3.2%。

(3) 实行以税收为基础的收入政策

这种政策以减税、增税作为奖惩手段,以减税政策来奖励遵守工资增长界限的企业,对不遵守工资增长界限的企业实行增税政策予以惩罚。其实,这种政策仅为企业抑制工资上涨提供了政策依据和动力。

3. 改变预期

改变预期是指在相信政府有控制通货膨胀能力的基础上改变对通货膨胀率的预期。改变预期就可以制止工资与物价螺旋上升。斯蒂格利茨认为,对通货膨胀的心理预期对通货膨胀起着巨大的作用。要想实现引导企业和工人不涨物价和不涨工资的目标,在很大程度上应当打破企业和工人对通货膨胀的心理预期。为此,政府必须对经济实行剧烈的、持久的干预。政府要敢于务求实效,否则,就不能实现改变预期以控制通货膨胀的目的。

如果政府控制通货膨胀率的措施足以使人们相信政府控制通货膨胀的能力,人们就会降低甚至消除对通货膨胀的预期,使政府为增加就业而采取的政策产生有效性。

如果政府控制通货膨胀率的措施不足以使人们相信政府控制通货膨胀的能力,人们的通货膨胀预期就不能消除,通货膨胀率预期就继续推动通货膨胀过程。人们一旦形成对通货膨胀的心理预期就具有惯性,而改变这种具有惯性的心理预期,不下猛药是实现不了的。

正因为如此,在降低通货膨胀的作用上,激进式降低通货膨胀的方法比渐进式降低通货膨胀的方法更有效,因为它更能体现政府控制通货膨胀的决心,因此,也更能使人们增强对政府控制通货膨胀的信心,从而降低和消除通货膨胀的心理预期。

第三节 失业与通货膨胀的关系

失业与通货膨胀是短期宏观经济运行中存在的两个主要问题,经济决策者在解决这两个问题的时候,往往会碰到这样一个矛盾,即降低通货膨胀与降低失业率这两个目标是互相冲突的。利用总供给—总需求模型来分析,当政府希望通过财政政策或货币政策来扩大总需求以增加就业的时候,客观上得到的结果是产出增加、就业增加、一般价格水平上升,也就是说,就业的增加是以物价的上升为代价的;相反,如果政府紧缩总需求,则会使得通货膨胀下降了,而失业却又增加了。在宏观经济学中,失业和通货膨胀的关系主要是用菲利普斯曲线来说明的。

一、菲利普斯曲线的含义

1958年,在英国任教的新西兰经济学家菲利普斯在研究了从1861到1957年的英国失业率和货币工资增长率的统计资料后,提出了一条用以研究失业率和货币工资增长率之间替代关系的曲线。在以横轴表示失业率,纵轴表示货币工资增长率的坐标系中,画出一条向右下方倾斜的曲线,这就是最初的菲利普斯曲线。

该曲线表明,当失业率较低时,货币工资增长率较高;反之,当失业率较高时,货币工资增长率较低,甚至为负数。

菲利普斯曲线本来只是用来描述失业率与货币工资增长率之间的关系,但后来有的经济学者认为,工资是成本的主要构成部分,从而也是产品价格的主要构成部分,因此可以用通货膨胀率来代替货币工资增长率。

这样一来,菲利普斯曲线就变成了一条用来描述失业率与通货膨胀率之间替代关系的曲线了:当失业率高时,通货膨胀率就低;当失业率低时,通货膨胀率就高。菲利普斯曲线如图4-3所示。在该图中,横轴代表失业率u,纵轴代表通货膨胀率π,向右下方倾斜的曲线即为菲利普斯曲线。菲利普斯曲线说明了失业率与通货膨胀率之间存在着替代

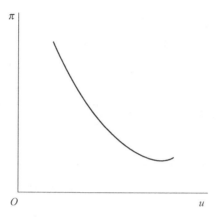

图 4-3 原始的菲利普斯曲线

关系。

二、菲利普斯曲线的应用

菲利普斯曲线为政府实施经济干预、进行总需求管理提供了一份可供选择的菜单。它意味着可以用较高的通货膨胀率为代价,来降低失业率或实现充分就业;要降低通货膨胀率和稳定物价,就要以较高的失业率为代价。也就是说,失业率与通货膨胀率之间存在着一种"替代关系",想要降低或增加其中的一个,就要以增加或降低另一个为代价。

具体而言,一个经济社会首先要确定一个临界点,由此确定一个失业与通货膨胀的组合区域。如果实际的失业率和通货膨胀率组合在组合区域内,则政策的制定者不采用调节措施;如果在区域之外,则可以根据菲利普斯曲线所表示的关系进行调节。

三、短期与长期菲利普斯曲线

菲利普斯曲线所揭示的失业与通货膨胀的替代关系与美国等西方发达国家 20 世纪 50 年代和 60 年代的通货膨胀率和失业率的数据较为吻合,但到 20 世纪 70 年代末期,由于滞胀的出现,失业与通货膨胀之间的这种替代关系不存在了,于是对失业与通货膨胀之间的关系又有了新的解释。

个案研究 4-4

20 世纪 70 年代的经济滞胀

20 世纪 70 年代,特别是 1974—1975 年、1979—1982 年,先后两次爆发了世界经济危机,致使发达资本主义国家的经济发展出现了一个重要的转折,由高速增长转变为低速增长,并进而陷入"滞胀"的旋涡。

所谓"滞胀",是指在经济停滞的同时,通货膨胀与失业并存的经济困难时期。在"滞胀"期间,发达资本主义国家的失业率和企业倒闭率都创 20 世纪 30 年代世界经济大危机以来的历史最高纪录。在整个 20 世纪 70 年代,美国、英国等发达资本主义国家的工业生产年平均增长速度都明显放慢,有的甚至只有20世纪60年代的一半左右。尤其令人瞩目的是,在经济陷入停滞的同时,失业和物价水平却持续上升,经济停滞和通货膨胀相交织(见表4-1),这是历史上从未有过的困境。

表4-1　20世纪70年代美国的通货膨胀与失业

年份	消费者价格指数(1970年基数=100)	失业人数(以百万计)
1973	114	4.3
1977	156	6.8

数据来源:(法)米歇尔·博德.资本主义史(1500—1980)[M].北京:东方出版社,1986:258.

1968年,美国货币学派的代表人物弗里德曼指出了菲利普斯曲线分析的一个严重缺陷,即它忽略了影响工资变动的一个重要因素:工人对通货膨胀的预期。他认为,企业和工人关注的不是名义工资,而是实际工资,当劳资双方谈判新工资协议时,他们都会对新协议期的通货膨胀进行预期,并根据预期的通货膨胀相应地调整名义工资水平。

根据这种观点,人们预期通货膨胀率越高,名义工资增加就越快,由此弗里德曼提出了短期菲利普斯曲线的概念。这里所说的"短期"是指从预期到需要根据通货膨胀作出调整的时间间隔。短期菲利普斯曲线就是预期通货膨胀保持不变,表示通货膨胀率与失业率之间关系的曲线。

在短期内,工人来不及调整通货膨胀预期,预期的通货膨胀率可能低于以后实际发生的通货膨胀率。这样,工人所得到的实际工资可能小于先前预期的实际工资,从而实际利润增加,刺激了投资,就业增加,失业率下降。

在这个前提下,通货膨胀率与失业率之间存在的替代关系,即向右下方倾斜的菲利普斯曲线在短期内是可以成立的,因此在短期内引起通货膨胀率上升的扩张性财政政策与扩张性货币政策可以起到减少失业的作用。这就是通常所说的宏观经济政策的短期有效性。

从长期来看,工人将根据实际发生的情况不断调整自己的预期,工人预期的通货膨胀率与实际发生的通货膨胀率迟早会一致。这时工人会要求增加名义工资,使实际工资不变,从而通货膨胀就不会起到减少失业的作用。

也就是说,在长期中,失业率与通货膨胀率之间并不存在替代关系。因此,长期菲利普斯曲线是一条垂直于横轴的线。并且在长期中,经济总能实现充分就业,经济社会的失业率将处于自然失业率的水平。因此,通货膨胀率的变化不会影响长期中的失业率水平。

知识链接 4-3

适应性预期

弗里德曼用适应性预期来解释人们的行为。所谓适应性预期,是指人们在对未来会发生的预期是基于过去(历史)的。比如人们在形成价格预期时,会考虑到上一期预期的误差,当上一期的预期价格高于实际价格时,对下一期的预期价格要相应减少,反之,则相应增加。

由于人们会根据实际发生的情况不断调整自己的预期,所以短期菲利普斯曲线将不断移动,从而形成长期菲利普斯曲线,如图4-4所示。

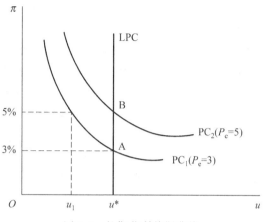

图 4-4　长期菲利普斯曲线

在图 4-4 中,假定某一经济体系处于自然失业率 u^*,通货膨胀率为 3%,此时若政府采取扩张性政策,以使失业率降低到 u_1,由于扩张性政策的实施,总需求增加,导致价格水平上升,通货膨胀率也上升到 5%。

由于在 A 点处,工人预期到的通货膨胀率为 3%,而现在实际的通货膨胀率为 5%,高于其预期的通货膨胀率,从而工人的实际工资下降,导致厂商生产积极性提高,产出水平和就业率增加,于是失业率下降到 u_1。于是就会发生图中短期菲利普斯曲线 PC_1 ($P_e=3\%$)所示的情况,失业率由 u^* 下降到 u_1,而通货膨胀率则从 3% 上升到 5%。

当然,这种情况只是短期的,经过一段时间,工人们会发现价格水平的上升和实际工资的下降,这时他们便要求提高货币工资,与此同时,工人们会相应地调整其预期,即从原来的 3% 调整到现在的 5%,伴随着这种调整,实际工资回落于原有的水平,相应地,企业生产和就业也都回到了原有的水平,失业率又回到了原来的 u^*,但此时,经济已经处于具有较高通货膨胀率预期($P_e=5\%$)的 B 点。

以上过程重复下去,在短期内,由于工人不能及时改变预期,存在着失业和通货膨胀之间的替代关系,表现在图形上,便有诸如 PC_1,PC_2 等各条短期菲利普斯曲线。随着工人预期通货膨胀率的上升,短期菲利普斯曲线不断地上升。

从长期来看,工人预期的通货膨胀与实际的通货膨胀是一致的,因此企业不会增加生产和就业,失业率也就不会下降,从而便形成了一条与自然失业率重合的长期菲利普斯曲线 LPC。在图 4-4 中,垂直于自然失业率水平的长期菲利普斯曲线表明,在长期中,不存在失业与通货膨胀的替代关系。

换句话说,长期菲利普斯曲线告诉我们,从长期来看,政府运用扩张性政策不但不能降低失业率,还会使通货膨胀率不断上升。这也就是通常所说的宏观经济政策的长期无效。

> **知识链接 4-4**
>
> **理性预期学派的菲利普斯曲线**
>
> 20世纪70年代,从货币学派中分离出一个新学派,称为理性预期学派。该学派提出理性预期概念。所谓理性预期是指事先根据各种资料和信息,运用有关理论和知识,作出合乎实际的预测。按这种预测所得到的结果,与实际的结果是一致的。
>
> 在理性预期学派看来,如果央行为减低失业率,公开宣布实施扩张性货币政策,那么私人部门会根据这种信息,理性地预期到未来价格会上升,并做出相应的反应。厂商会提高产品的价格,但是不增加产量;工人会要求增加货币工资,但不增加劳动供给。
>
> 于是,货币扩张的结果仅仅是价格、货币工资与名义利率等名义变量值的上升,而实际就业量与产量不变。因此,即使在短期,通货膨胀率与失业率也没有替代关系。

本 章 小 结

失业与通货膨胀是现代经济发展的两大顽症,任何国家或地区的经济发展都无法避免这两大问题的冲击,由于这两大经济问题会对一国或地区的国民经济和居民生活造成巨大影响,因此,也是宏观经济学的两大中心问题。

失业是指达到就业年龄、具备工作能力、谋求工作但未得到就业机会的状态。经济学中所说的失业指的非自愿失业。非自愿失业可以分为摩擦性失业、季节性失业、结构性失业和周期性失业等类型。

失业会对国民经济造成巨大经济损失,奥肯定律即揭示了这一规律,失业还会造成社会损失。宏观经济学的一大目标是实现充分就业,充分就业并不等于百分之一百就业,而是一个社会中消灭了周期性失业时的状态,此时只剩下摩擦性失业和结构性失业,此时失业率即为自然失业率。

通货膨胀是指物价水平在一定时期内持续的、普遍的上升过程,或者指货币实际购买力在一定时期内持续的下降过程。衡量通货膨胀有3种主要价格指数:消费者价格指数,简称CPI;生产者价格指数,简称PPI;GDP折算指数。

造成通货膨胀的原因主要有需求拉上、成本推动和经济结构变化等。通货膨胀对经济的影响主要表现为收入再分配效应和产出效应。治理通货膨胀的政策主要有紧缩性的需求管理政策、收入政策和改变预期等。

菲利普斯曲线是一条用来描述失业与通货膨胀之间关系的曲线。现代经济学认为,在短期内,失业与通货膨胀之间存在着替代关系,即政府可以采取一定的政策通过牺牲失业率降低通货膨胀率,反之也成立;在长期中,失业与通货膨胀之间并不存在替代关系。

第四章 失业与通货膨胀理论

本章内容结构

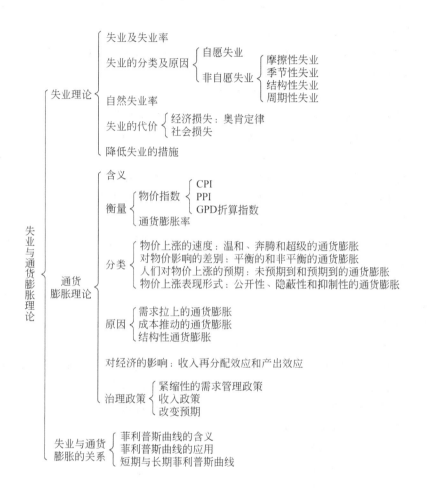

综合练习

一、名词解释

失业　　　　失业率　　　　自愿失业　　　　非自愿失业　　摩擦性失业
结构性失业　季节性失业　　周期性失业　　　奥肯定律　　　通货膨胀
消费价格指数　生产者价格指数　需求拉上的通货膨胀　成本推动的通货膨胀
适应性预期　理性预期　　　菲利普斯曲线　　结构性通货膨胀

二、选择题

1. 自然失业率（　　）。

   A. 恒为零

   B. 是历史上最低限度水平的失业率

   C. 恒定不变

D. 是经济处于潜在产出水平的失业率
2. 由于经济萧条而形成的失业,属于(　　)。
   A. 永久性失业　　B. 摩擦性失业　　C. 周期性失业　　D. 结构性失业
3. 以下对通货膨胀的描述正确的是(　　)。
   A. 货币发行量过多而引起的一般物价水平普遍持续的上涨是通货膨胀
   B. 商品房价格的不断上涨,就是通货膨胀
   C. 通货膨胀是价格水平的偶然上涨
   D. 货币发行量过多导致的股票价格上涨就是通货膨胀
4. 某人正在等待着某项工作,这种情况可归类于(　　)。
   A. 就业　　　　　B. 失业　　　　　C. 非劳动力　　　D. 就业不足
5. 如果某人由于钢铁行业不景气而失去工作,这种失业属于(　　)。
   A. 摩擦性失业　　B. 结构性失业　　C. 周期性失业　　D. 永久性失业
6. 如果某人刚刚进入劳动力队伍尚未找到工作,这是属于(　　)。
   A. 摩擦性失业　　B. 结构性失业　　C. 周期性失业　　D. 永久性失业
7. 下列人员中,(　　)不属于失业人员。
   A. 调动工作的间歇在家休养者
   B. 半日工
   C. 季节工
   D. 对薪水不满意而待业在家的大学毕业生
8. 在下列引起通货膨胀的原因中,(　　)最可能是成本推进的通货膨胀的原因?
   A. 银行贷款的扩张　　　　　　　B. 预算赤字
   C. 世界性商品价格的上涨　　　　D. 投资增加
9. 抑制需求拉动的通货膨胀的方法是(　　)。
   A. 控制货币供应量　　　　　　　B. 降低工资
   C. 解除托拉斯组织　　　　　　　D. 减税
10. 菲利普斯曲线说明(　　)。
    A. 通货膨胀由过度需求引起
    B. 通货膨胀导致失业
    C. 通货膨胀与失业率之间呈现正相关
    D. 通货膨胀与失业率之间呈现负相关
11. 长期菲利普斯曲线说明(　　)。
    A. 通货膨胀和失业之间不存在相互替代关系
    B. 传统的菲利普斯曲线仍然有效
    C. 在价格很高的情况下通货膨胀与失业之间仍有替代关系
    D. 离原点越来越远
12. "适应性预期"与"理性预期"的区别主要在(　　)。
    A. 适应性预期强调过去信息,理性预期强调现有信息
    B. 理性预期以大量数学模型为论证依据,因而更科学

C. 适应性预期是凯恩斯主义的理论假设,内容陈旧,应被淘汰

D. 适应性预期难以解释与过去完全不一样的未来经济变动

三、计算题

1. 若某经济社会价格水平在 2009 年为 107.9,2010 年为 111.5,2011 年为 114.5。试问 2010 年和 2011 年通货膨胀率各是多少?如果人们以前两年通货膨胀率的平均值作为第三年通货膨胀率的预期值,计算 2012 年的预期通货膨胀率。如果 2012 年的利率为 6%,计算该年的实际利率。

2. 假定货币供给(M)、产量(Q)、货币流通速度(V)和价格水平(P)之间存在以下关系:$MV=PQ$,试问:

(1) 若 V 不变,M 每年增长 8%,Q 每年都增长 3%,年通货膨胀率为多少?

(2) 若 V 每年下降 2%,M 和 Q 每年分别增长 8% 和 3%,年通货膨胀率为多少?

四、判断分析题

1. 有人认为通货膨胀就是高价格,请分析这种观点。

2. 如果你的房东说:"工资、公用事业及别的费用都涨了,我也只能提高你的房租。"这属于需求拉上还是成本推动的通货膨胀?如果店主说:"可以提价,别愁卖不了,店门口排队抢购的多着呢!"这又属于什么类型的通货膨胀?

3. 美国历史上的一位总统柯立芝曾经提出"通货膨胀是政府拒绝支付债务"。这种说法对吗?

4. 为什么发生恶性通货膨胀时,人们宁愿坐出租车而不愿坐公交车?

5. 许多餐馆的菜单上为什么写着"时价"的字样,而不是具体的价格?这些菜品所涉及的原材料一般具有什么样的特点?为什么并不是所有的菜品后面都写着"时价"字样,这样做不是有利于获得更大的利润率吗?

6. "结构性失业的存在就表明劳动市场出现了一定程度的失灵,不能够正常运转了。"你同意这种观点吗?为什么?

五、简述题

1. 摩擦性失业与结构性失业相比,哪一种失业问题更严重?

2. 简述需求拉上的通货膨胀与成本推动的通货膨胀区别与联系。

3. 试说明短期菲利普斯曲线与长期菲利普斯曲线的关系。

推荐阅读

[1] 萨缪尔森.萨缪尔森谈失业与通货膨胀[M].萧琛,等,译.北京:商务印书馆,2012.

[2] 菲尔普斯.就业与通货膨胀理论的微观经济基础[M].陈宇峰,等,译.北京:北京大学出版社,2011.

[3] 瑞比.通货膨胀来了[M].王煦逸,等,译.上海:上海财经大学出版社,2011.

[4] 弗里德曼.失业还是通货膨胀?对菲利普斯曲线的评价[M].张丹丹,等,译.北京:商务印书馆,1982.

[5] 凯恩斯.就业、利息和货币通论[M].高鸿业,译.北京:商务印书馆,1999.

第五章

经济周期与经济增长

【内容提要】

经济周期理论与经济增长理论也是现代宏观经济学的重要理论。它涉及的主要问题有经济周期的含义及原因;什么是经济增长,经济增长的源泉;如何使经济发展等。一般认为,经济周期由总需求在长期中的变动决定,经济增长由供给能力在长期中的变动决定,经济发展则是强调发展战略的重要性。

【学习目标与重点】

(1) 理解并掌握经济周期的含义及特征,熟悉经济周期的成因。
(2) 理解经济增长的含义及源泉。
(3) 熟悉经济增长理论的演变轨迹。

【关键术语】

经济周期;经济增长

【引入案例】

我国经济结构调整与发展方式转变

改革开放 30 多年,我国经济持续快速增长,目前经济总量已居世界前列,成为全球最大的新兴经济体。但发展也付出了很大代价,经济结构不合理矛盾长期积累。突出地表现在以下几点。

(1) 需求结构失衡,主要是内需与外需、投资与消费失衡。由于我国人口众多,劳动力总体一直供过于求,制约了劳动报酬和劳动者收入提高,使消费难以成为劳动需求的强大动力,经济发展主要靠投资需求拉动,使投资占 GDP 比例由 20 世纪 80 年代初的 32% 左右上升到 2009 年的 46.8%,而最终消费率(消费支出占 GDP 比例)则由同期的 67% 下降到 48.6%;由投资快速增长形成的生产力所生产的大量产品既然难以由国内消费,就必须靠出口来消化,同时国内短缺的资源(如石油、铁矿石等)及技术设备又日益依赖进口,这样,我国经济的外贸依存度不断上升,经济增长过多依靠国际市场。

(2) 产业结构不协调,农业基础薄弱,工业大而不强,服务业发展滞后,部分产业产能过剩。2009 年服务业占 GDP 比重为 42.6%,低于中等收入国家(53%)和高收入国家(72.5%),也低于低收入国家(46.1%)。产业结构不合理加大了资源环境压力和就业压力,制约经济素质提高和可持续发展。

(3) 生产要素利用效率低下,资源消耗偏高。单位产品的资源消耗明显高于发达国家,水、土地和其他一些重要资源十分短缺,生态环境问题日益严重。

上述这些结构性问题,既是经济发展中出现的,又是我国经济质量和效益不高的主要根源。因此,我国要大力推进经济结构调整,这是转变发展方式的重要内容,是应对国际金融危机,顺应后国际金融危机时期世界经济发展的必然要求,也是解决国内经济发展深层次矛盾的根本举措。为此,必须立足扩大内需,把增加消费作为主要着力点,积极推进城镇化,加快产业结构优化升级,增强自主创新能力,大力发展低碳技术,使国民经济健康、稳定、持续发展。

改编自:尹伯成.西方经济学简明教程[M].上海:格致出版社,2011:313.

第一节 经济周期及其成因

任何一个经济体都不可能永远处于平稳的经济增长过程中,任何一个经济系统都会围绕其长期趋势发生短期波动,在有的年份经济增长的速度会下降,在有的年份甚至会出现无增长或负增长的情况。在这种情况下,企业会发现他们无法将自己生产出来的物品和所能提供的服务卖掉,这时企业就会选择减少生产、降低工资甚至解雇工人,从而带来企业的销售和利润下降、生产设施闲置、投资支出减少、个人收入减少、个人消费支出减少、失业增加、实际 GDP 和生活水平下降等问题。对这种经济波动的情况或原因的研究正是经济周期理论的内容。

一、经济周期的含义及特征

经济周期也称为经济波动,是指总体经济活动的扩张和收缩交替反复出现的过程。"周期"这个术语在字面上很容易给人一种错觉或引起误解,似乎经济的波动是有规律的或可预测的。事实上,经济的波动既无规律也难以进行较为准确的预测,有的时候经济的衰退接连发生,而有的时候又能够享受长达数年、十数年甚至数十年的经济增长。世界上没有完全相同的两片树叶,也没有完全相同的两次经济周期。

个案研究 5-1

美国 20 世纪 30 年代经济萧条与 40 年代经济繁荣的原因

20 世纪 30 年代初的经济灾难称为大萧条,是美国历史上最大的经济下降。从 1929 年到 1933 年,实际 GDP 减少了 27%,失业从 3% 增加到 25%。同时,在这四年中,物价水平下降了 22%。在这一时期,许多其他国家也经历了类似的产量与物价下降。经济史学家一直在争论大萧条的原因,但大多数解释集中在总需求的大幅度减少上。

许多经济学家主要抱怨货币供给的减少:从 1929 年到 1933 年,货币供给减少了 28%。另一些经济学家提出了总需求崩溃的其他理由。例如,在这一时期股票价格下降了 90% 左右,减少了家庭财富,从而也减少了消费支出。此外,银行的问题也阻止了一些企业获得他们想为投资项目进行的筹资,而且这就压抑了投资支出。当然,在大萧条时期,所有这些因素共同发生作用紧缩了总需求。

> 第二个重大时期20世纪40年代初的经济繁荣是容易解释的。这次事件显而易见的原因是第二次世界大战。随着美国在海外进行战争,联邦政府不得不把更多资源用于军事。从1939年到1944年,政府的物品与劳务购买几乎增加了5倍。总需求这种巨大扩张几乎使经济中物品与劳务的生产翻了一番,并使物价水平上升了20%。失业从1939年的17%下降到1944年的1%,这是美国历史上最低的失业水平。

经济学家一般把经济周期划分为衰退和扩张两个阶段,波峰和波谷是周期的转折点。当经济规模的减少和失业的增加还不太严重时,可以认为发生的是经济衰退。在西方发达的市场经济国家,政府并不会机械地按照某一固定的数据宣布经济衰退的到来,但一般认为,如果实际GDP连续两个季度下降,就非常有可能是出现了经济衰退。

知识链接 5-1

经济周期的四阶段

经济也有一定的周期,它总会在繁荣和衰落中不断循环。这就像人们对于自己的生活总是从乐观的高峰跌落到失望的深渊,然后又在某种契机下重新燃起了生活的希望一样。经济的发展规律也是这样的,高低循环,有高峰就有低谷。

经济周期一般由复苏、繁荣、衰退和萧条四个阶段构成。在这四个阶段中,繁荣和萧条是两个主要阶段,复苏与衰退是两个过渡性的阶段。

不论经济处于哪一个周期,通常我们都可以通过不同的经济指标的高低来进行判断,如GDP增长率、失业率、价格指数等。经济阶段不同,经济指标的表现也是不同的。

复苏阶段开始于前一周期的最低点,产出及价格均处于最低水平。由于经济萧条,所以政府便通过一系列的调控手段来刺激经济发展,这个时候调控手段的效果已经初步显现,经济开始复苏,需求开始释放,生产逐渐活跃,价格水平趋稳并进入上升区间。

同时GDP的增长率可能由负转正,由慢变快,并且逐渐提高。由于此时企业闲置的生产能力还没有完全释放,周期性的扩张也变得强劲,所以在这个阶段,企业的利润也开始大幅增长。

繁荣阶段是经济周期的高峰阶段。该阶段因为投资需求和消费需求的不断扩张,而且超过了产出的增长,所以刺激产品的价格就会迅速上涨到较高水平。这个阶段就业率比较高。

对于企业而言,它们的生产能力的增长速度开始减速,逐渐面临产能约束,而且通货膨胀的威胁也开始显现。

衰退阶段开始于经济周期的高峰之后,经济开始滑坡。当经济运行到高峰期后,必然会逐渐走向衰落。

这个时候市场需求开始不断萎缩,于是便造成供过于求,价格迅速下跌,企业的盈利能力较弱,利润率不断下降,连同大宗商品在内的整体物价水平开始不断下跌,造成企业的产品流通率低,大量产品积压,从而让经济增长速度减缓甚至停滞。

萧条阶段是经济周期的谷底,该阶段供给和需求都处于较低的水平,特别是经济前景还比较迷茫,使得社会需求不足,资产缩水,失业率处于较高的水平。

通常在这种情况下,政府的宏观调控就会逐渐出现一定的效果,渐渐地减少社会恐慌情绪,从而让人们对未来的信心逐渐恢复,于是整个社会经济便在探底后开始出现回升的迹象。

上述四个阶段就是整个经济周期的循环过程。

自从第二次世界大战后,美国经济经历了10次衰退。但经济衰退的确认通常是在发生经济衰退的数个月后,有时甚至在经济已经复苏时才能够最终确认经济衰退发生的准确时间。当实际GDP的下降和失业的增加较为严重且持续的时间较长时,我们就称发生了经济萧条。经济衰退阶段的特征有以下几点。

(1) 通常消费者购买急剧下降,同时,汽车和其他耐用品的存货会出人意料地增加。由于厂商会对此作出压缩生产的反应,所以实际GDP会下降。紧随其后,对工厂和设备的企业投资也急剧下降。

(2) 对劳动的需求下降。首先是平均每周工作时间减少,其后是被解雇员工的数量和失业率上升。

(3) 产出下降,导致通货膨胀步伐放慢。对原材料的需求下降,导致其价格跌落。工资和服务的价格下降的可能性比较小,但在经济衰退时期它们的增长趋势会放慢。

(4) 企业利润在衰退中急剧下滑。由于预期到这种情况,普通股票的价格一般都会下跌,同时,由于对贷款的需求减少,利率在衰退时期一般也会下降。

传统上,经济学家认为经济衰退就像一次阁楼清理。东西年复一年地堆积在阁楼,直到你甚至无法走进去。你产生了大量的垃圾(失业),以及大量的灰尘(利润下降)。这时你开始清理阁楼。当这一切都做完后,你又有空间重新放置东西了。

就和经济衰退一样:公司消除了不必要的库存,关闭了一些厂房,解雇了一些工人,正如他们所说的,他们是在合理化经营。因此,许多公司将采取一次性的费用冲减利润,这意味着他们获得较低的季度利润(或者可能宣布亏损)。经济衰退将使得失业率上升,收入下降,以及获得微薄的利润。

经济周期扩张阶段的情景是衰退阶段的镜像,上述所有特征正好呈现相反方向的变动。

知识链接 5-2

世界经济周期历史及中国的经济周期

经济周期是商品经济的必然现象,又称经济危机。实际上,经济危机是经济周期中的一个阶段,是上一个经济周期结束和下一个经济周期开始的转折阶段,因而人们通常以一个经济危机来代表一个经济周期。

如果从英国1788年第一次生产过剩的危机算起,经济危机已有200多年历史。自1857年发生第一次世界经济危机以后,到第二次世界大战爆发前,总共发生了11次世界性经济危机,即1857年、1866年、1882年、1890年、1900年、1907年、1913年、1920年、1929—1933年和1937年。每一个周期的平均长度为10年或8年,即每10年或8年发生一次危机。

第二次世界大战以后,以美国为例一共发生了10次经济危机,分别是1948—1949年、1953—1954年、1957—1958年、1960—1961年、1969—1970年、1974—1975年、1980年、1981—1982年、1990—1992年,以及始于2008年本次经济危机。战后美国经济周期时间缩短,每一个周期平均时间为5年。

中国改革开放以来,经历了3个经济周期:第一个周期:1982—1986年,持续五年。高峰在1984年,增长率为15.2%;低谷在1982年,增长率为8.5%;振幅为6.7%。第二个周期:1987—1990年,持续四年。高峰在1987年,增长率为11.6%;低谷在1990年,增长率为3.8%;振幅为7.8%。第三个周期:1991—1998年持续8年。高峰在1992年,增长率为14.2%;低谷在1998年,增长率为7.8%;振幅为6.4%。

二、经济周期的解释

经济周期容易描述但难以解释。对于经济周期为什么会发生,历史上的经济学家给出了许多解释,可以把这些解释区分为外生论和内生论。

外生论认为是经济系统以外的某些因素发生波动引起了经济系统的短期波动,如战争、政变、选举、新技术的问世、自然灾害、气候变化、太阳黑子等。政治周期理论认为经济周期的发生是因为政治家为了赢得选举而操纵财政货币政策的结果。

创新理论认为经济周期是由创新引起的劳动生产率的变化所引起的总供给改变而造成的。在这一过程中,新技术不断地破坏原有的工作岗位,而且由于劳动生产率的提高,创新破坏掉的工作岗位比它新创造出来的岗位要多,剩余的工人去生产额外的产出,旧产业不断地被新产业所代替,新产业也不断地要经历繁荣、衰亡并被更新的产业所取代的过程。经济学家熊彼特将这一过程称为创造性破坏。

内生论则从经济系统内寻找经济周期发生的原因。内生论认为经济的外部因素虽然对某些时期经济周期波动产生重要影响,但是经济周期的真正推动力并不在外部(它只能起到延缓或加剧的作用),而是来自经济自身因素。包括利润推动力、利润过度资本化、心理因素、货币和信贷、非金融性过度投资以及消费不足等。经济扩张的本身就孕育着新的经济衰退,而经济衰退内部也蕴藏着经济的复苏和扩张。

货币学派把经济周期的发生归因于货币供给的扩张和收缩。纯货币理论认为,经济周期是一种纯粹的货币现象。经济中周期性的波动完全是由于银行体系交替地扩大和紧缩信用所造成的。投资过度理论认为,过度增加投资引发了经济的周期性波动。

乘数—加速数理论认为,经济的扩张刺激了投资,投资又会推动产出进一步增长,直至经济接近生产的可能性边界。这时,经济的增长速度开始放慢,放慢的经济增长又会减少存货和投资,经济运行进入衰退的阶段,直至经济周期的谷底。

消费不足理论认为,经济中出现萧条与危机是因为社会对消费品的需求赶不上消费品的增长,而消费需求不足又引起对资本品需求不足,进而使整个经济出现生产过剩危机。心理周期理论强调心理预期对经济周期各个阶段形成的决定作用,这种理论认为,预期对人们的经济行为具有决定性的影响,乐观与悲观预期的交替引起了经济周期中的繁荣与萧条的交替。

目前经济学家还没有找到一种能够预测衰退何时开始和何时结束的方法,但是经济学家还是设计了各种各样的经济预测工具来尝试着对宏观经济活动的走势进行预测。有的经济学家确定了一些能够领先于经济周期发生变化的经济指标,即先行指标,然后根据这些指标的变化来预测经济的短期波动,如失业人数、大型资本品的订单数量、钢产量、股票指数、货币供给量、长期贷款之间的利差、集装箱货运输量、房地产建设许可证发放数量等经济指标都是在经济预测中经常使用到的先行指标。这些先行指标有一定预示功能,但很不精确。

有的经济学家借助于计算机技术,通过编制计量经济学宏观经济模型来预测经济发展的前景。这些宏观经济模型通常包括数百个甚至上千个经济变量,一旦外生变量给定,这个方程组就能够对重要的经济变量的未来数值做出预测,但其准确性还有待进一步提高。

第二节 经济增长模型

经济增长理论是研究解释经济增长规律和影响制约因素的理论。

一、经济增长的含义

经济增长常指一个国家或一个地区生产的产品增加。如果考虑到人口增加和物价变动情况,经济增长还指人均福利的增长。

美国经济学家库兹涅茨给经济增长下了一个经典的定义:"一个国家的经济增长,可以定义为给居民提供种类日益繁多的经济产品的能力长期上升,这种不断增长的能力是建立在先进技术以及所需要的制度和思想意识之相应的调整的基础上的。"

库兹涅茨从其定义出发,根据历史资料总结了经济增长的6个特征:①按人口计算的产量的高增长率和人口的高增长率。经济增长最显著的特点就在于产量增长率、人口增长率、人均产量增长率都相当高。②生产率的增长率也很高。生产率提高正是技术进步的标志。③经济结构的变革速度提高了。④社会结构与意识形态结构迅速改革。⑤增长在世界范围内迅速扩大。⑥世界增长是不平衡的。

经济学家一般采用国内生产总值(GDP)作为衡量商品和劳务生产总量的指标,然而,国内生产总值增长率不能完全看作就是经济增长率。

首先,国内生产总值增长中含有的物价上涨因素必须剔除。

其次,应考虑人口变动因素,假如某一国家某一时期 GDP 增长 3%,人口增长也是 3%,则按人口平均计算的 GDP 根本没有增加;如果人口增长率超过 GDP 增长率,人均 GDP 就要下降,从而人们实际生活水平就要下降。

再次,有些经济学家认为,衡量经济增长,不应以实际的 GDP 为标准,而应以国家的生产能力即潜在的 GDP 为标准,方可抽取总需求变动因素。假定失业率为 4% 时的产量水平是潜在 GDP 水平,若某年总需求水平很低,实际失业率是 8%,则实际 GDP 低于潜在 GDP 水平,若下一年总需求增加使失业率降到 4%,则实际 GDP 似乎增加很多,但这实际上不是提高生产能力本身获得的,而仅是提高生产能力利用率而已。因此,实际 GDP 不能作为衡量经济增长的真实标准。

最后,一些经济学家认为,不管是用实际 GDP,还是潜在的 GDP 来作为衡量经济标准,都有缺陷。若经济增长局限在物质产出上,会忽视人类其他方面福利的增进,如工作时间缩短,产品质量改进,医疗进步等都难以得到反映;又如,不经过交易市场的许多活动无法统计到经济增长中去;还有,对增长给社会带来的环境污染、资源枯竭等也难以计算进去。

总之,经济的增长衡量标准问题还有待进一步研究。

概念辨析 5-1

经济增长与经济发展

经济增长一般指一国人均国民收入增加,而经济发展的含义要更广泛一些,不仅指人均收入增加,还包括适应这种增长的社会制度和意识形态的变化。经济增长理论大多专门研究发达国家经济增长问题,而经济发展理论研究一个国家如何由不发达状态过渡到发达状态。

二、经济增长的源泉

1. 经济增长因素分析

理论和实践都告诉我们,任何一国或地区的经济增长都离不开这 5 个因素:①人力资源,包括劳动力数量和质量;②资本,包括机械设备、工矿、道路等;③自然资源,包括土地、矿藏、环境资源等;④技术,包括生产技术、管理技术和企业家才能;⑤制度,包括产权制度、企业制度及其他各种激励制度。

知识链接 5-3

经济增长的制约因素

(1) 资源约束。其包括自然条件、劳动力素质、资本数额等方面。

(2) 技术约束。技术水平直接影响生产效率。

(3) 体制约束。体制规定了人们的劳动方式、劳动组织、物质和商品流通、收入分配等内容,规定了人们经济行为的边界。

由于一般都假设自然资源和制度都是外生不变的,因此,经济学家通常把注意力集中在劳动、资本和技术对经济增长的作用方面。也就是说,经济增长源泉的分析所要说明的中心问题是劳动的增加,资本存量的增加及技术进步,在促进经济增长中所起作用的大小,也就是探讨什么力量使一国经济增长率提高。

美国经济学家丹尼森认为,对经济长期发生作用并且能够影响增长率变动的主要因素有以下 7 类:①就业人数和它的年龄、性别构成;②包括非全日制工作的工人在内的工时数;③就业人员的受教育年限;④资本存量大小;⑤资源配置,主要指低效率使用的劳动力比重的减少;⑥规模的节约,以市场的扩大来衡量,即规模经济;⑦知识的进展。前 4 种因素属于生产要素的供给增长,其中①、②、③项为劳动要素的增长,④项为资本要素的增长,后 3 种因素属于生产要素的生产率范畴,可归纳为技术进步。在这 7 个因素中,知识进步属于最重要的因素。

知识链接 5-4

经济增长方式

经济增长方式是指一个国家或社会经济增长的总体特征,不同的增长方式反映着不同的增长源泉以及由增长源泉所制约的增长结果。

外延(粗放)型增长方式:主要由增长因素数量增加产生的增长。

内含(集约)型增长方式:主要由资源使用效率提高而引起的增长。

一般来说,大多数国家都要经历从外延(粗放)型增长方式向内含(集约)型增长方式的转变。

值得注意的是,两种增长方式的优劣只有在特定的经济环境中才有可比性。脱离了历史背景、技术水平和制度结构,简单地认为哪一种增长方式可取是毫无意义的。

2. 增长核算方程

根据经济增长理论,我们知道经济的增长可能源于以上因素中某项或它们的全部,但经济学家同样非常想知道它们对经济增长所做出的相对贡献分别是多大,这需要我们运用经济增长的核算技术对经济增长展开数量分析,以确定不同的变量对经济增长分别起到多大的推动作用。

我们假设经济的生产函数为

$$Y = A \times F(N, K) \tag{5-1}$$

式中,Y、N 和 K 分别是总产出、投入的劳动量和投入的资本量,A 表示经济的技术状况,在一些文献中,A 又被称为全要素生产率(简记为 TFP)。

若劳动变动为 ΔN,资本变动为 ΔK,技术变动为 ΔA,则由微分学的知识及微观经济学中边际产量的概念可知,产出的变动为

$$\Delta Y = \mathrm{MP}_N \times \Delta N + \mathrm{MP}_K \times \Delta K + F(N, K) \times \Delta A \tag{5-2}$$

式中,MP_N 和 MP_K 分别为劳动和资本的边际产品。将式(5.2)的两边同除以 $Y = A \times F(N, K)$,化简后,得:

$$\frac{\Delta Y}{Y} = \frac{\mathrm{MP}_N}{Y}\Delta N + \frac{\mathrm{MP}_K}{Y}\Delta K + \frac{\Delta A}{A} \tag{5-3}$$

进一步变形为

$$\frac{\Delta Y}{Y} = \left(\frac{\mathrm{MP}_N \times N}{Y}\right)\frac{\Delta N}{N} + \left(\frac{\mathrm{MP}_K \times K}{Y}\right)\frac{\Delta K}{K} + \frac{\Delta A}{A} \tag{5-4}$$

根据微观经济学内容,在竞争性的市场上,厂商使用生产要素的原则是,将要素需求

量固定在使要素的边际产量等于要素实际价格的水平上,为此,表达式 $MP_N \times N$ 和 $MP_K \times K$ 分别为劳动和资本的收益,从而表达式 $(MP_N \times N)/Y$ 就是劳动收益在产出中所占的份额,简称劳动份额,并将其记为 α,同样 $(MP_K \times K)/Y$ 就是资本收益在产出中所占的份额,简称资本份额,记为 β,这样,式(5-4)可进一步写为

$$\frac{\Delta Y}{Y} = \alpha \frac{\Delta N}{N} + \beta \frac{\Delta K}{K} + \frac{\Delta A}{A} \tag{5-5}$$

即

产出增长 = 劳动份额×劳动增长 + 资本份额×资本增长 + 技术进步

这就是增长核算的关键公式,它告诉人们,产出的增长可以由三种力量来解释,即劳动量的变动、资本量的变动和技术进步。换句话说,经济增长的源泉可被归结为生产要素的增长和技术进步。

当知道了劳动和资本在产出中份额的数据,并且有产出、劳动和资本增长的数据,则经济中的技术进步可以作为一个余量被计算出来,由于这一原因,表达式 $\Delta A/A$ 有时被称为索洛余量。

个案研究5-2

中国经济增长的源泉和限制条件

20世纪80年代,中国经济增长主要来自经济改革带来的制度创新,以土地承包制为核心的农业改革释放出巨大的生产力。结果是1980—1990年中国农业平均增长高达5.9%,是世界同期平均农业增长率2.7%的1倍多。但这种制度效率在80年代后期开始开始减弱。1990—1999年农业平均增长速度下降到4.3%。中国经济整体增长速度也相应放慢,从1984年的13%下降到1989年的3.4%。

20世纪90年代以来,高投资需求成为中国经济增长的主要动力。1978年的财政盈余10亿元,1990年财政赤字574亿元。1990—1999年国内投资总额年均增长12.8%,是世界同期平均投资增长率2.9%的4倍多。同时,国外资本开始大量流入,外国直接投资从1990年34亿美元增加到1998年437亿美元。外债总额从553亿美元增长到1 545亿美元。生产要素流入最多的工业部门得到快速增长,从1980—1990年平均增长11.1%增加到1990—1999年的14.4%。部分国民收入指标对比见表5-1,20世纪80年代以来投资和消费在国内生产总值中所占比例见表5-2。

表5-1 1979年和1994年的部分国民收入指标对比(1990年为基数=100)

指 标	1979年	1994年	1979—1994年的平均增长率/%
国内生产总值	38.9	159.4	9.8
国内总投资	40.8	172.6	10.0
非政府消费	38.8	150.0	9.4
一般政府消费	48.9	174.3	8.8

资料来源:Hansjerg Herry,Priewe. 中国经济的高速增长——不具转型危机型?[J].当代财经,2001(5).

表 5-2 20世纪80年代以来投资和消费在国内生产总值中所占比例（%）

年份	固定资本形成总值	私人消费	一般政策消费
1980	29.2	51.3	14.5
1985	29.5	51.1	13.2
1990	25.5	49.1	12.1
1995	34.6	45.6	11.8

资料来源：IMF(1997)

与此同时，中国的教育事业也得到了飞速发展。从1949—1998年，全国普通高等学校本科毕业生达1 300多万人，研究生50多万人；中等专业学校毕业生1 800多万人；成人高等学校（包括自学考试）和成人中等专业学校毕业生计2 800多万人。到1998年，全国普通学校和成人学校有教职工1 580万人，其中专任教师有1 206万人。全国普通高等学校和成人高等学校有教职工123万人，其中专任教师50万人；普通中等学校和成人中等学校有教职工673万人，其中专任教师477万人；小学和成人初等学校有教职工668万人，其中专任教师591万人；幼儿园有教职工116万人，其中专任教师88万人。另外，中国还实现了中小学教育的普及，大大提高了中小学的入学率和升学率。

伴随着中国经济的迅速增长，环境恶化趋势也在加剧。从1985—2002年，全国GDP增长了72.6%，同一时间段里，全国工业废气的排放总量增长了63%。黑色金属、有色金属、水泥、电力等行业都是近年来的增长亮点，但是同时又是污染密集型产业。从全国来看，2002年全国监测的555个城市（县）中环境恶化的达279个，占统计城市数的50.3%，其中，有5个城市酸雨出现的频率高达90%，形成名副其实的十雨九酸现象。国内的七大水系近一半河段严重污染，同时，近年来近岸海域水质趋于恶化，赤潮频繁发生。

生态环境的恶化给农业生产带来了越来越明显的副作用，给农民收入造成很大影响。中国加入WTO后，国际社会对我国农产品的环保要求大幅提高，环境污染必将影响我国产品的出口，这可能导致农民收入增长缓慢和城乡居民收入的差距的扩大，从而在更深层次上影响到我国整体经济的发展。有关统计数据显示，城乡居民的收入差距在不断的扩大之中，1978年城镇居民的收入为农村居民纯收入的2.57倍，而到了2001年则为其的2.89倍。如果考虑到农民收入的统计数据可能存在一定的水分，而城市居民还享有农民无法享受到的多种福利，如福利住房、公费医疗、单位发放的实物收入等，那么差距将会更大。

三、经济增长理论演变轨迹

任何理论都是一定时代的实际反映，据此，我们概述经济增长理论演变的3个主要阶段。

1. 古典增长理论

18世纪亚当·斯密是历史上最早对经济增长做系统探讨的经济学专家。尽管他认为分工、资本和制度是增长不可缺少的三个因素,经济自由决定着增长,但在资本主义早期,土地资源的重要性往往使古典经济学家注重土地对增长的约束,特别是托马斯·马尔萨斯和大卫·李嘉图。

他们认为,由于土地有限,随着人口增加,人们赖以生存的土地会日益稀缺、递减,人口和生活资料必须平衡的规律最终只会使人类生活在一个只能维持基本生活的贫困边界,并且由于农产品价格随着人口增加而上升,地租就不断上涨,利润率不断下降,最终都将使资本积累和经济增长完全停止。

2. 新古典增长理论

后来的历史证明,马尔萨斯、李嘉图等人的观点并不正确。产业革命以来的事实证明,土地已不再成为产出的制约因素,资本积累和技术进步才是影响经济增长的支配力量。于是新古典增长理论应运而生,其代表人物是美国经济学家索洛。

在索洛的增长模型中,先假设技术不变,则产出取决于资本和劳动投入。每单位劳动分摊到资本(厂房、设备等)称人均资本,可用 k 表示。再以 Δk、s、y、n、δ 分别表示人均资本增量、储蓄率、人均产量、人口增长率(若全部人口参加劳动,则 n 也是劳动增长率)、折旧率,则新古典增长模式可用以下基本方程表示:

$$\Delta y = sy - (n+\delta)k \tag{5-6}$$

式(5-6)表示,人均储蓄量(即人均积累量),一方面用于装备新工人(nk),一方面用于折旧(δk),这两部分总和就是$(n+\delta)k$,如果还有多余,就可用于提高人均资本水平。用于$(n+\delta)k$部分的人均积累量称资本广化,用于提高人均资本水平的部分 Δk 称为资本深化。若 $\Delta k=0$,则 $sy=(n+\delta)k$,若 s、n、δ 都不变,则人均产量也不变,这一状态称为长期均衡状态。

3. 内生增长理论

内生增长理论是一种新经济增长理论,其特点是试图使经济增长率内生化。所谓增长率内生化,是指把推动经济增长的因素如储蓄率、人口增长率和技术进步等重要参数作为内生变量予以考虑,因而可以从模型内部来说明经济增长。

这里,我们讨论技术如何当作内生变量。过去的经济增长理论总把技术进步当作外生因素,新经济增长理论则认为,一个经济社会的技术进步快慢和路径是由这个经济中的家庭、企业在经济增长中的行为决定的。

例如,罗默认为企业通过增加投资的行为,提高了知识水平,知识有正外部性,会使物质资本和劳动等其他投入也具有收益递增的特点;又如卢卡斯认为,发达国家拥有大量人力资本,经济持续增长是人力资本不断积累的结果;还有些经济学家强调从事生产的过程也是获得知识的"干中学"过程,干中学积累起来的经验使劳动力和固定资产的效率在生产过程中不断提高。

总之,技术进步是经济系统的内生变量,这种新经济增长理论有很强的政策含义,那就是政府应当通过各种政策,例如对研究和开发提高补贴,对文化教育予以支持,用税收等政策鼓励资本积累等,以促进经济增长。

第三节 经济增长是非论

较高的经济增长率总意味着社会财富的增加,人们需要得到更多满足,社会福利增进,这是亚当·斯密以来的传统信条。但从20世纪60年代以来,西方国家经济增长过程中出现了环境污染,工业废物处理,自然资源枯竭,居民公害病症增多以及城市人口拥挤,交通阻塞等诸多问题,引起人们普遍关注。所以20世纪60年代后期就有经济学家提出要考虑经济增长的代价问题。

经济增长是否值得向往的问题由英国经济学家米香于1967年首先提出。他指出,西方社会继续追求经济增长,在社会福利方面得不偿失。技术发明固然给人们提供较多福利,但也会因颓废风险加大而增加了他们的焦虑。飞速的交通工具使人们趋于孤立;移动性增加反而使转换时间更为增多;自动化程度提高使人们相互隔离;电视增多使人们更少交往,人们较以往更少理解他们的邻居。物质财富的享受不是人们快乐的唯一源泉,还有闲暇、文化和美丽的环境。然而,这些令人向往的事物,现在却成了增加国民收入的牺牲品。

1972年美国经济学家麦多斯等人写了《增长的极限》一书。书中指出,由于粮食缺少、资源枯竭和环境污染等问题之严重及相互反馈的结果,人口和工业生产的增长将于2100年到来之前完全停止,最后出现"世界的末日"。要避免这种灾难性情况的发生,从1975年起,要停止人口的增长,到1990年停止工业投资的增长,以达到"零度人口增长"和"零度经济增长"的全球性均衡。

零增长观点一经提出,就引起西方社会的广泛讨论,持有异议的观点如下。

第一,实行一种阻止经济继续增长的决策是不容易的。用行政命令控制的方式本身不可取。政府不可能命令人们停止发明扩大生产力的方法,而且厂商冻结其产出水平也是无意义的,因为人们需要的变化会要求某些工业扩大生产,同时也会要求另一些工业紧缩生产。究竟哪些工业需要扩大和哪些需要紧缩,势必要由政府出面干预以达到零增长,这将是既浪费又挫伤人们情绪的方式。

第二,零增长将严重损害在国内或国外消除贫穷的努力。当前世界上大多数人口仍处于需要经济增长的状况中,发达国家又不太愿意对发展中国家提供过多援助。较少的增长意味着贫困延续。就改善一些发展中国家生活状况而言,经济增长是完全必要的。

第三,经济零增长不容易对有效的环境保护提供资金。消除空气和水流污染以及净化城市生活,每年需要大量费用,只有经济增长,才能获取这些资金,又不致减少现行消费。如果经济不增长,这些方案都无法实施,最后仍将使人们贫困和环境恶劣。

总之,一些经济学家认为,零经济增长是不能实现的,也是不应实现的。

个案研究 5-3

东亚奇迹与东亚危机

第二次世界大战后,日本在20世纪70年代率先实现工业化,并通过海外直接投资向东亚地区转移劳动密集型和资金密集型产业,带动了"四小龙"的腾飞,随后"四小龙"

从20世纪80年代开始产业转型,加入日本对东盟国家投资的队伍,把劳动密集型的组装加工业大规模转移到马来西亚、泰国和印度尼西亚,从而在时间上形成东亚排浪式的工业化追赶浪潮。

1984—1996年,东亚在世界进口总额中的比重由18.5%上升到25%,在世界出口总额中的比重由19%上升到27%,与此同时,东亚的贫困人口由4亿减少到1亿多人。8个国家和地区的人口平均寿命由1960年的56岁增加到1990年的71岁。

20世纪80年代以来日本对东亚直接投资迅速增加,有力地推动了东亚各国地区的产业结构升级,促进了重化工业在东亚的移植和发育,同时也使东亚国家的产业发展严重依赖于日本的技术。据1995年日本贸易振兴会调查,"四小龙"中70%的日本企业、东盟中78%的日本企业都主要从日本本土筹措、调配零部件和其他资本货物。

日本经济研究中心有关统计则表明,在韩国和中国台湾经济起飞和高速增长过程中,技术供给的54.6%和65.3%来自日本,其他东亚国家和地区技术引进的1/5以上也来自日本。这种技术依赖使东盟国家的产业发展严重依赖于外资企业,只有少数本土企业能够为跨国公司提供协作配套生产。

同时,由于跨国公司与当地企业的技术差距、管理差距悬殊,导致当地企业进入外资主导产业的壁垒极高。在这种配套不成、进入不可的双重挤压下,本土资本只好大量涌入房地产市场、证券市场,虚拟经济过度膨胀导致经济的泡沫化,同时也导致金融市场的更加不稳定。

日本和"四小龙"对东盟自然资源的直接投资,还进一步加剧了东盟初级产品的输出。一项产品的开发、设计定型及关键零部件生产在日本本土进行,一般零部件转移到"四小龙"生产,而在东盟完成最后组装,产成品一部分在当地销售,一部分返销日本,一部分销往欧美市场。

从事设计、零部件生产的先进国家和地区虽没有最终产品生产国和出口国的名分,但却获得全部增值中的绝大部分。比如,在韩国,每辆轿车总技术成本的30%要以专利费形式付给外国精密技术供给商,每台摄像机总技术成本的50%、每生产一个DRAM半导体总技术成本的30%、每台笔记本电脑技术成本的70%要以技术专利费的形式支付给外国厂商。

另外,东亚国家外资导向下的经济增长还导致外债迅速增加。泰国外债从1992年年底的396亿美元增加到1996年年底的900亿美元,相当于GDP的50%。为偿付外债,只能依靠增加出口和外资流入。1996年出口大幅下降,为了维持固定汇率,把利率提高到13.8%的水平,使大量资本流入,其中短期资本占53.2%。泰国730亿美元私人外债中,三分之一是流向房地产。

印度尼西亚放宽金融管理后,银行增至240间。印度尼西亚央行不知道私营部门大约800个贷款户借了外债680~690亿美元。泰国91家财务证券公司总资产占全国金融资产的四分之一,这91家公司1993—1996年在房地产、证券方面的投资和贷款高达50%以上,其中相当部分已成为坏账。

阅读文章

宏观经济增长模型简介

1. 哈罗德—多马模型

由于凯恩斯的理论体系是短期的、静态的和比较静态的,因此哈罗德等人认为,凯恩斯的理论需要被长期化和动态化。

该模型4个基本假设:①将一个社会生产的多种多样的产品抽象综合为一个产品,这种产品用于满足个人消费之后的剩余产品可作为追加投资所需要的生产资料,继续投入生产。②只有两种生产要素,劳动和资本,且资本与劳动、资本与产量的配比是固定的。③不管生产规模的大小,单位产品的生产成本不变,即规模报酬不变。④不存在技术进步。

从资本的供给和需求的角度来看,哈罗德把有关的经济因素抽象为3个变量。

(1) 储蓄率

$$储蓄率 = \frac{储蓄量}{国民收入} \times 100\%$$

(2) 资本—产出比率

$$资本产出比率 = \frac{资本存量}{国民收入} \times 100\%$$

(3) 有保证的增长率

$$有保证的增长率 = \frac{国民收入增量}{国民收入} \times 100\%$$

哈罗德—多马模型以凯恩斯的有效需求原理为基础,"计划投资=储蓄"是国民收入均衡的条件,因此上述3个变量必须满足:

$$有保证的增长率 = \frac{储蓄率}{资本产出比率} = 投资效率 \times 储蓄率$$

这是哈罗德—多马模型的基本方程式。

自然生产率取决于劳动力的年平均增长率(即人口增长率)和劳动增长率的年平均生产率:

$$自然增长率 = 劳动力的增长率 + 劳动生产率的增长率$$

由模型假设知道,不存在技术进步,所以:

$$自然增长率 = 劳动力的增长率$$

由于劳动、资本、产量的配比是固定的,所以产量的增长率不能超过劳动力的增长率,又要保证充分就业,因此实际增长率不能大于自然增长率,因此可得:

$$实际增长率 = 有保证的增长率 = 自然增长率$$

模型优点:简洁。如果资本—产出比率相对稳定,根据基本方程式,增长率与储蓄率成比例。为了实现某一目标增长率,只要取得该增长率所需要的储蓄率就可以了。反过来,如果估算出可能达到的储蓄率,该方程可以告诉人们国民收入的增长率可能是多少。

模型缺点:假如"实际增长率=有保证的增长率=自然增长率"的条件不能满足,就会出现不均衡,但该模型却无法解决非均衡增长中的问题,因为储蓄率、资本—产出比率、有保证的增长率都是模型本身无法控制的外生变量,三者很难同时满足上述条件。也就是说,这个模型不具备本身调节的能力,一旦出现不均衡,就只能任其发展下去。

哈罗德发表的著作:《论动态理论》《动态经济学导论》《资本扩张、增长率与就业》等。

2. 索洛模型

索洛模型对哈罗德—多马模型做出了修正,又被称为新古典增长理论。索洛在构建他的经济增长模型时,既汲取了哈罗德—多马经济增长模型的优点,又摒弃了后者的那些令人疑惑的假设条件。

索洛认为,哈罗德—多马模型只不过是一种长期经济体系中的"刀刃平衡",其中,储蓄率、资本—产出比率和劳动力增长率是主要参数。这些参数值若稍有偏离,其结果不是增加失业,就是导致长期通货膨胀。用哈罗德的话来说,这种"刀刃平衡"是以保证增长率(用 G_w 表示,它取决于家庭和企业的储蓄与投资的习惯)和自然增长率(用 G_n 表示,在技术不变的情况下,它取决于劳动力的增加)的相等来支撑的。

索洛指出,G_w 和 G_n 之间的这种脆弱的平衡,关键在于哈罗德—多马模型的劳动力不能取代资本,生产中的劳动力与资本比例是固定的假设。倘若放弃这种假设,G_w 和 G_n 之间的"刀刃平衡"也就随之消失。基于这一思路,索洛建立了一种没有固定生产比例假设的长期增长模型。

该模型的假设条件包括以下几点。

(1) 只生产一种产品,此产品既可用于消费也可用于投资。

(2) 产出是一种资本折旧后的净产出,即该模型考虑资本折旧。

(3) 规模报酬不变,即生产函数是一阶齐次关系式。

(4) 两种生产要素(劳动力和资本)按其边际实物生产力付酬。

(5) 价格和工资是可变的。

(6) 劳动力永远是充分就业的。

(7) 劳动力与资本可相互替代。

(8) 存在技术进步。

在这些条件下,索洛建立的模型向人们显示出:在技术系数可变的情况下,人均资本量具有随时间推移而向均衡状态的人均资本量自行调整的倾向,即当人均资本量大于其均衡状态时,人均资本量会有逐渐减小的趋势,即资本的增加就会比劳动力的增加慢得多;反之亦然。索洛是从人均资本量入手集中分析均衡(即稳定状态)增长路径的。

3. 新增长理论

代表人物有罗默、卢卡斯、巴罗、斯克特等。

代表模型有 AK 模型等。

自20世纪80年代中期以来,随着罗默(Paul Romer)和卢卡斯(Robert Lucas)为代表的"新增长理论"的出现。经济增长理论在经过20余年的沉寂之后再次焕发生机。

新经济增长理论的重要内容之一是把新古典增长模型中的"劳动力"的定义扩大为人力资本投资,即人力不仅包括绝对的劳动力数量和该国所处的平均技术水平,而且还包括劳动力的教育水平、生产技能训练和相互协作能力的培养等,这些统称为"人力资本"。

美国经济学家保罗·罗默1990年提出了技术进步内生增长模型,他在理论上第一次提出了技术进步内生的增长模型,把经济增长建立在内生技术进步上。

技术进步内生增长模型的基础是:①技术进步是经济增长的核心;②大部分技术进步是出于市场激励而导致的有意识行为的结果;③知识商品可反复使用,无须追加成本,成本只是生产开发本身的成本。

新增长理论模型中的生产函数是一个产出量和资本、劳动、人力资本以及技术进步相关的函数形式,即

$$Y = F(K, L, H, t)$$

式中,Y 是总产出;K、L 和 H 分别是物质资本存量、劳动力投入量和人力资本(无形资本)存量;t 表示技术水平。

新增长理论的重要意义在于以下几点。

(1) 新增长理论将知识和专业化的人力资本引入增长模式,认为知识和专业化的人力资本积累可以产生递增收益并使其他投入要素的收益,进而总的规模收益递增,这就说明了经济增长持续的和永久的源泉与动力。

(2) 新增长理论对新古典增长理论的一个重要修正是,放弃了技术外生化的假定,突出技术的内生性,强调大部分技术或知识经济主体源于利润最大化的有意识投资的产物。

(3) 新增长理论指出了边干边学以及知识外溢在经济发展中的重要作用,在经济发展过程中,厂商可以从自己的投资活动中学会很多东西,其知识存量是投资量的函数。

(4) 新增长理论强调发展中国家在经济发展过程中对外开放的重要性,新增长理论认为,国与国之间发展对外贸易不仅可以增加对外贸易的总量,而且可以加速世界先进知识、技术和人力资本在世界范围内的传递。技术和人力资本水平得到迅速提高,获取边干边学和知识外溢效应。

(5) 与新古典增长理论不同的是,新增长理论重新确立了政府政策在经济发展中的重要作用。该理论研究总结出一套维持并促进长期增长的经济政策。

本章小结

经济周期是指实际总产出和就业相对于它们潜在水平的波动。经济学家对于经济周期的解释可以分为外生论和内生论。

外生论认为是经济系统以外的某些因素发生波动引起了经济系统的短期波动,如战争、政变、选举、新技术的问世、自然灾害、气候变化、太阳黑子等。

内生论则从经济系统内寻找经济周期发生的原因。内生论认为,认为经济的外部因素虽然对某些时期经济周期波动产生重要影响,但是经济周期的真正推动力并不在外部(它只能起到延缓或加剧的作用),而是来自经济自身因素。包括利润推动力、利润过度资本化、心理因素、货币和信贷、非金融性过度投资以及消费不足等。

经济增长是指一个国家或一个地区生产的产品增加。其中产量既可以表示为经济的总产量,也可以表示为人均产量。经济增长的程度可以用增长率来描述。

经济增长演变主要经历 3 个阶段:古典增长理论、新古典增长理论和内生增长理论。

本章内容结构

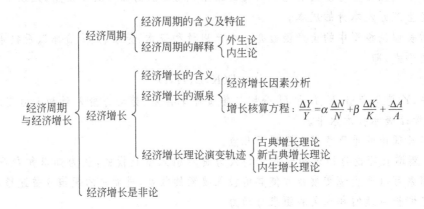

综合练习

一、名词解释

经济周期　经济增长　经济增长的源泉　内生增长理论　技术进步　新增长理论

二、选择题

1. 经济增长的标志是（　　）。
   A. 失业率的下降　　　　　　　　　B. 先进技术的广泛应用
   C. 社会生产能力的不断提高　　　　D. 城市化速度加快

2. GDP 是衡量经济增长的一个较好指标，是因为（　　）。
   A. GDP 以货币表示，易于比较
   B. GDP 的增长总是意味着已发生的实际经济增长
   C. GDP 的值不仅可以反映一国的经济实力，还可以反映一国的经济福利程度
   D. 以上说法都对

3. 下列各项中（　　）项属于生产要素供给的增长。
   A. 劳动者教育年限的增加　　　　　B. 实行劳动专业化
   C. 规模经济　　　　　　　　　　　D. 电子计算机技术的迅速应用

4. 下列各项中（　　）项不属于生产要素供给的增长。
   A. 投资的增加　　　　　　　　　　B. 就业人口的增加
   C. 人才的合理流动　　　　　　　　D. 发展教育事业

5. 下列（　　）项是新古典经济增长模型所包含的内容。
   A. 均衡的增长率取决于有效需求的大小
   B. 要实现充分就业的均衡增长，要使 $G = G_w = G_n$
   C. 通过调整收入分配，降低储蓄率，可以实现充分就业的均衡增长
   D. 从长期看，由于市场的作用，经济总会趋向于充分就业的均衡增长

6. 在新古典增长模型中,如果没有人口增长和技术进步,则当(　　)时稳定状态下消费有一最高水准。

　　A. 劳动边际产出等于资本边际产出　　B. 劳动边际产出等于折旧率

　　C. 资本边际产出等于折旧率　　D. 劳动边际产出等于零

7. 假设两国除人口增长率之外其他条件都相同,根据索罗模型,在稳定状态下较高人口增长率的国家将有(　　)的产出水平和(　　)人均产出增长率。

　　A. 较高;相同　　B. 较高;较高　　C. 较低;相同　　D. 较低;较低

8. 假设战争减少了一国劳动力但没有直接减少资本存量,若战前该国处在资本存量稳定状态且储蓄率在战后不变,则战后人均资本会(　　)且人均产出增长率会(　　)。

　　A. 减少;变快　　B. 增加;变快　　C. 减少;减缓　　D. 增加;减缓

9. 经济波动的周期的4个阶段依次为(　　)。

　　A. 扩张、峰顶、衰退、谷底　　B. 峰顶、衰退、谷底、扩张

　　C. 谷底、扩张、峰顶、衰退　　D. 以上各项均对

10. 当某一社会经济处于经济周期的扩张阶段时,(　　)。

　　A. 经济的生产能力超过它的消费需求

　　B. 总需求逐渐增长,但没有超过总供给

　　C. 存货的增加与需求的减少相联系

　　D. 总需求超过总供给

三、简答题

1. 经济增长的源泉是什么?
2. 如何考核生产要素供给的增长和生产要素生产率的增长对经济增长的影响程度?
3. 试说明下列因素如何会提高或降低平均劳动生产率:

(1) 教育制度改革的成功。

(2) 新工人进入经济。

(3) 提前退休。

(4) 在萧条时期的失业率提高。

四、简述题

1. 制约发展中国家经济发展的因素有哪些?
2. 你愿意生活在一个高人均GDP水平但低增长率的国家中,还是愿意生活在一个低人均GDP水平但高增长率的国家?为什么?

推荐阅读

[1] 卫志民. 宏观经济学[M]. 北京:高等教育出版社,2011:第二、三章.

[2] 尹伯成. 西方经济学简明教程[M]. 7版. 上海:格致出版社,2011:第十九章.

[3] 高鸿业. 西方经济学(宏观部分)[M]. 5版. 北京:中国人民大学出版社,2011:第二十章.

[4] 梁小民. 微观经济学纵横谈[M]. 3版. 北京:生活·读书·新知三联书店,2000:第十一、十二章.

[5] 基梅尔曼. 人人需要知道的经济运行规律[M]. 何训,译. 北京:电子工业出版社,2012.

第六章

宏观经济政策理论

【内容提要】

政府作为国民经济的主要生产者和消费者,在国民经济运行过程中,有着非常重要的作用。美国著名经济学家、诺贝尔经济学奖获得者托宾说:"宏观经济学的重要任务之一就是如何运用中央政府的财政工具和货币工具来稳定国民经济。"本章主要分析各种宏观经济政策,并通过这些政策说明国家为什么要干预经济,以及在不同的经济形势下如何进行干预。

【学习目标与重点】

(1)掌握政府的职能、宏观经济政策目标和宏观经济政策的工具。
(2)重点掌握财政政策及货币政策的内容及局限性。
(3)深刻理解财政政策及货币政策的运用。

【关键术语】

经济政策;财政政策;货币政策;公开市场业务;法定存款准备金

【引入案例】

"2013 中国经济政策:维持积极、稳健"

2013 年 3 月,时任总理温家宝在十二届人大一次会议上所作的政府工作报告中提出,继续实施积极的财政政策和稳健的货币政策。

报告指出,我国发展仍处于可以大有作为的重要战略机遇期,经济社会发展具备很多有利条件和积极因素,也面临不少风险和挑战。国际金融危机深层次影响持续显现,世界经济复苏充满不确定性、不稳定性。

报告提出,2013 年经济社会发展的主要预期目标是:国内生产总值增长 7.5% 左右;居民消费价格涨幅 3.5% 左右;城镇新增就业 900 万人以上,城镇登记失业率低于 4.6%。

报告指出,2013 年通货膨胀压力仍然较大,主要是:我国土地、劳动力等要素价格,农产品和服务类价格都存在上涨压力;主要发达国家实行宽松货币政策并不断加码,输入性通货膨胀压力不容忽视。

报告进一步指出,实现上述目标,必须继续实施积极的财政政策和稳健的货币政策,保持政策连续性和稳定性,增强前瞻性、针对性和灵活性。

继续实施积极的财政政策。更好地发挥积极财政政策在稳增长、调结构、促改革、惠民生中的作用。一是适当增加财政赤字和国债规模。今年拟安排财政赤字 1.2 万亿元,比去年预算增加 4 000 亿元。二是结合税制改革完善结构性减税政策。三是着力优化财政支出结构。继续向教育、医药卫生、社会保障等民生领域和薄弱环节倾斜。

继续实施稳健的货币政策。把握好促进经济增长、稳定物价和防范金融风险之间的平衡。一是健全宏观审慎政策框架，发挥货币政策逆周期调节作用。广义货币 M_2 预期增长目标拟定为13%左右。二是促进金融资源优化配置。引导金融机构加大对经济结构调整特别是"三农"、小微企业、战略性新兴产业等的金融支持，满足国家重点在建续建项目资金需求。三是守住不发生系统性和区域性金融风险底线。

摘编自：http://www.gov.cn/jrzg/2013-03/18/content_2356680.htm.

第一节　宏观经济政策概述

政府是国民经济的最大消费者和生产者，在市场经济条件下，政府提供公共物品、行使公共职能、实现社会公共利益。

1. "守夜人"的职能

"守夜人"职能是政府对经济的第一职能，也是政府经济职能中力度最浅层次的职能，其职责是做到：一是保护社会，使其不受其他独立社会的侵犯；二是尽可能保护社会上各个人，使其不受社会上任何其他人的侵害或压迫；三是建设并维护某些公共事业及某些公共设施。

2. 公共物品的职能

政府是公共物品的最大提供者，既然市场机制在提供公共物品方面有时是失灵的，政府的介入就成为必要。但是政府介入公共物品的供给，并不等于政府生产所有的公共物品，更不等于政府完全取代公共物品的市场。政府可以通过直接生产公共物品的方式来实现，也可以通过某种方式委托私人企业的间接生产方式来实现。

政府提供公共物品的目的：弥补市场失灵，保证和增进公共利益、提高社会高的福利水平。现在由政府提供的公共物品范围包括基础设施建设、公共事业、教育事业、卫生保健服务、文化设施、生态环境和国防安全等。

3. 宏观调控的职能

市场经济带来经济增长，但也会引发通货膨胀，而高潮后所跟随的衰退却使经济停滞甚至倒退，这种周期波动对社会资源及生产力都构成严重影响。所以宏观调控是着重以整体社会的经济运作，透过人为调节供应与需求，来实现经济计划的目标。

政府对市场的调节则是政府对经济的深层次宏观调控职能。为实现宏观总量平衡，保证经济持续、稳定、协调增长，一国政府通过它所掌握的某些经济变量（如财政支出、货币供给等）来影响市场经济中的各种变量的取值，是政府保证经济更好更快发展，而对经济干预的一种方式。

4. 增加社会公平的职能

推进社会公平是政府的重要职能。在市场经济条件下，社会资源的优化配置是通过市场价格机制的运行来实现的。实践证明，作为资源配置的基础性机制，市场机制在资源配置效率方面显示出了巨大的优越性。市场机制容易造成效率的提高，同时也容易造成收入分配的差距拉大，为了不引发社会矛盾，政府承担着维护社会稳定和增进社会公平的职能。

一、宏观经济政策目标

宏观经济政策是指国家或政府有意识、有计划地运用一定的政策工具,调节控制宏观经济的运行,以达到一定的政策目标。从西方国家的实践来看,国家宏观调控的政策目标,一般包括持续均衡的经济增长、充分就业、物价稳定和国际收支平衡这4项。

1. 持续均衡的经济增长

经济增长是指在一个特定时期内经济社会所生产的人均产量和人均收入的持续增长。其包括维持一个高经济增长率和培育一个经济持续增长的能力。

经济增长通常用一定时期内实际国内生产总值(GDP)年均增长率来衡量。经济增长会增加社会福利,但并不是增长率越高越好。这是因为经济增长一方面要受到各种资源条件的限制,不可能无限地增长,尤其是对于经济已相当发达的国家来说更是如此。另一方面,经济增长也要付出代价,如造成环境污染,引起各种社会问题等。

2. 充分就业

充分就业是指包含劳动在内的一切生产要素都以愿意接受的价格参与生产活动的状态。充分就业包含两种含义:一是指除了摩擦失业和自愿失业之外,所有愿意接受各种现行工资的人都能找到工作的一种经济状态,即消除了非自愿失业就是充分就业。二是指包括劳动在内的各种生产要素,都按其愿意接受的价格,全部用于生产的一种经济状态,即所有资源都得到充分利用。

失业意味着稀缺资源的浪费或闲置,从而使经济总产出下降,社会总福利受损。因此,失业的成本是巨大的,降低失业率,实现充分就业就成为宏观经济政策的首要目标。

3. 物价稳定

物价稳定是指物价总水平的稳定。一般用价格指数来衡量一般价格水平的变化。价格稳定不是指每种商品价格的固定不变,也不是指价格总水平的固定不变,而是指价格指数的相对稳定。价格指数又分为消费物价指数(CPI)、批发物价指数(PPI)和国民生产总值折算指数(GNP)三种。

物价稳定是允许保持一个低而稳定的通货膨胀率,所谓低,就是通货膨胀率为1%~3%;所谓稳定,就是指在相当时期内能使通货膨胀率维持在大致相等的水平上。这种通货膨胀率能为社会所接受,对经济也不会产生不利的影响。

4. 国际收支平衡

国际收支平衡具体分为静态平衡与动态平衡、自主平衡与被动平衡。静态平衡,是指一国在一年的年末,国际收支不存在顺差也不存在逆差;动态平衡,不强调一年的国际收支平衡,而是以经济实际运行可能实现的计划期为平衡周期,保持计划期内的国际收支均衡。

自主平衡,是指由自主性交易即基于商业动机,为追求利润或其他利益而独立发生的交易实现的收支平衡;被动平衡,是指通过补偿性交易即一国货币当局为弥补自主性交易的不平衡而采取调节性交易而达到的收支平衡。

二、宏观经济政策工具

宏观经济政策工具是达到经济目标的手段和措施，不同的宏观经济政策工具可以达到不同的政策目标。常用的宏观经济政策工具有需求管理政策、供给管理政策、国际经济政策。

1. 需求管理政策

需求管理是要通过对总需求的调节，实现总需求等于总供给，达到既无失业又无通货膨胀的目标。在有效需求不足的情况下，也就是总需求小于总供给时，政府应采取扩张性的政策措施，刺激总需求增长，克服经济萧条，实现充分就业；在有效需求过度增长的情况下，也就是总需求大于总供给时，政府应采取紧缩性的政策措施，抑制总需求，以克服因需求过度扩张而造成的通货膨胀。

2. 供给管理政策

供给管理是通过对总供给的调节，来达到一定的政策目标。供给学派理论的核心是把注意力从需求转向供给。在短期内影响供给的主要因素是生产成本，特别是生产成本中的工资成本。在长期内影响供给的主要因素是生产能力，即经济潜力的增长。

供给管理政策具体包括控制工资与物价的收入政策、指数化政策、人力政策和经济增长政策。

（1）收入政策。收入政策是指通过限制工资收入增长率从而限制物价上涨率的政策，因此，也叫工资和物价管理政策。之所以对收入进行管理，是因为通货膨胀有时由成本（工资）推进所造成的。收入政策的目的就是制止通货膨胀，它有以下3种形式。

一是工资与物价指导线。根据劳动生产率和其他因素的变动，规定工资和物价上涨的限度，其中主要是规定工资增长率。企业和工会都要根据这一指导线来确定工资增长率，企业也必须据此确定产品的价格变动幅度，如果违反，则以税收形式以示惩戒。

二是工资物价的冻结。即政府采用法律和行政手段禁止在一定时期内提高工资与物价，这些措施一般是在特殊时期采用，在严重通货膨胀时也被采用。

三是税收刺激政策。即以税收来控制增长。

（2）指数化政策。指数化政策是指定期地根据通货膨胀率来调整各种收入的名义价值，以使其实际价值保持不变。主要有工资指数化和税收指数化。即根据物价指数自动调整个人收入调节税等。

（3）人力政策又称就业政策。这是一种旨在改善劳动市场结构，以减少失业的政策，主要作用有以下3点。

一是人力资本投资。由政府或有关机构向劳动者投资，以提高劳动者的文化技术水平与身体素质，适应劳动力市场的需要。

二是完善劳动市场。政府应该不断完善和增加各类就业介绍机构，为劳动的供求双方提供迅速、准确而完全的信息，使劳动者找到满意的工作，企业也能得到其所需的员工。

三是协助工人进行流动。劳动者在地区、行业和部门之间的流动，有利于劳动的合理配置与劳动者人尽其才，也能减少由于劳动力的地区结构和劳动力的流动困难等原因而造成的失业。对工人流动的协助包括提供充分的信息、必要的物质帮助与鼓励。

(4) 经济增长政策。主要有：①增加劳动力的数量和质量。增加劳动力数量的方法包括提高人口出生率、鼓励移民入境等；提高劳动力质量的方法有增加人力资本投资。②资本积累。资本的积累主要来源于储蓄，可以通过减少税收，提高利率等途径来鼓励人们储蓄。③技术进步。技术进步在现代经济增长中起着越来越重要的作用。因此，促进技术进步成为各国经济政策的重点。④计划化和平衡增长。现代经济中各部门之间协调的增长是经济本身所要求的，国家的计划与协调要通过间接的方式来实现。

3. 国际经济政策

国际经济政策是对国际经济关系的调节。现实中每一个国家的经济都是开放的，各国经济之间存在着日益密切的往来与相互影响。一国宏观经济政策目标中有国际经济关系的内容，即国际收支平衡。此外，其他目标的实现不仅有赖于国内经济政策，也有赖于国际经济政策。

知识链接 6-1

国际经济

国际经济是一个联系着各国贸易和金融的复杂网络。随着经济全球化的深入，国际贸易成了国与国之间在世界舞台上发挥影响的表现方式，政府日益重视其国际经济政策的制定，主要包括贸易政策和国际金融管理。贸易政策由关税、配额和其他鼓励性或限制性的进出口法规等组成，而国际金融管理主要是汇率的制定和管理以及外汇市场的规范。

国际经济体系顺利运行就能促进经济快速增长，但如果贸易体系崩溃，全世界的生产和收入都将会受到巨大冲击。因此，各国要考虑到贸易政策和国际金融政策对各自国内的经济增长、就业和价格稳定等目标的影响。当前，美国的金融危机还没有结束，它对世界经济的影响将是深刻的，国际贸易的增长将会减少，全球的经济增长可能会放缓，甚至国际货币体系都将发生动摇，因此，如何处理好国际经济与本国经济的关系，是各国面对的共同课题。

第二节 财 政 政 策

财政政策是国家干预经济的主要政策之一。财政政策是政府运用支出和收入来调节总需求以控制失业和通货膨胀，并实现经济稳定增长和国际收支平衡的宏观经济政策。要了解财政政策的内容，先要了解现代西方财政的基本构成。

一、财政的基本构成

1. 政府支出

政府支出是指整个国家中各级政府支出的总和，由许多具体支出项目构成，主要包括政府购买和转移支付两大类。

政府支出的分类如下。

（1）政府财政支出按照政府职能可分为经济建设费、社会文教费、国防费、行政管理费和其他支出五大类。

（2）政府财政支出按照经济性质可分为购买性支出和转移性支出。政府购买是指政府对商品和劳务的购买，如购买军需品、机关公用品、政府雇员报酬、公共项目工程所需的支出等都属于政府购买。政府转移支付是指政府在社会福利保险、贫困救济和补助等方面的支出。

概念辨析1-1

政府购买（购买性支出）和转移支付（转移性支出）

购买性支出是指政府以购买者的身份在市场上采购所需的商品和劳务，用于满足社会公共需要。政府购买是一种实质性支出，有着商品和劳务的实际交易，因而直接形成社会需求和购买力，是国民收入的一个组成部分，政府购买支出是决定国民收入大小的主要因素之一，其规模直接关系到社会总需求的增减。

转移性支出是指预算资金单方面无偿转移支出，如社会保障支出、财政补贴等。转移支付是一种货币性支出，政府在付出这些货币时并无相应的商品和劳务的交换发生，因而是一种不以取得本年生产出来的商品和劳务作为报偿的支出。因此，转移支付不能算作国民收入的组成部分。它所做的仅仅是通过政府将收入在不同社会成员之间进行转移和重新分配，全社会的总收入并没有变动。

政府购买性支出，遵循市场经济的基本准则，即实行等价交换。对市场运行而言，购买性支出对消费和生产具有直接影响，可广泛用于调节各项经济活动。转移性支出，由于是价值单方面无偿转移支出，就不可能遵循等价交换的原则，而是为了实现政府特定的经济社会政策目标。与购买性支出相比，转移性支出的重点在于体现社会公平，而对市场经济运行的影响则是间接的。

（3）政府支出按支出具体用途分为基本建设支出、三项费用和农林业支出等。

2. 政府收入

政府收入是指政府为履行其职能而筹集的一切资金的总和。在市场经济条件下，政府收入是国家通过一定的形式和渠道集中起来的以货币表现的一定量的社会产品价值，其中主要是剩余产品的价值，它是政府从事一切活动的物质前提。

政府收入形式是指政府取得收入的具体方式，即来自各个部门、单位和个人的政府收入通过什么方式上交给国家。

在世界各国，取得政府收入的主要形式都是税收。除此之外，其他非税收入形式，则视各国的政治制度、经济结构和财政制度的不同而有所区别。目前，政府收入主要有以下几种形式：税收收入、债务收入、国有企业运营收入、国有财产收入、行政司法收入、其他收入。

个案研究 6-1

2012 年我国财政支出继续大于财政收入

2012 年全国财政收入 117 209.75 亿元,比 2011 年(下同)增长 12.8%。其中,中央财政收入 56 133 亿元,比上年增加 4 805 亿元,增长 9.4%;地方财政收入(本级)61 077 亿元,比上年增加 8 530 亿元,增长 16.2%。财政收入中的税收收入 100 601 亿元,增长 12.1%。

2012 年全国财政支出 125 712.25 亿元,比 2011 年(下同)增长 15.1%。分中央和地方看,中央财政支出 64 148 亿元,其中,中央本级支出 18 765 亿元,比上年增加 2 251 亿元,增长 13.6%;对地方税收返还和转移支付 45 383 亿元,比上年增加 5 462 亿元,增长 13.7%。地方财政用地方本级收入、中央税收返还和转移支付资金等安排的支出 106 947 亿元,比上年增加 14 214 亿元,增长 15.3%。

1. 主要收入项目执行情况

国内增值税 19 678.47 亿元,完成预算的 97.2%,主要是工业增加值增幅和价格涨幅较低;国内消费税 7 872.14 亿元,完成预算的 102.2%;进口货物增值税、消费税 14 796.41 亿元,完成预算的 99.7%;关税 2 782.74 亿元,完成预算的 103.4%;企业所得税 12 082.18 亿元,完成预算的 108.7%,主要是汇算清缴 2011 年企业所得税收入超过预计;个人所得税 3 492.61 亿元,完成预算的 102.7%;出口货物退增值税、消费税 10 428.88 亿元,完成预算的 104.8%;非税收入 2 848.78 亿元,完成预算的 100.8%。

从全年财政收入增长情况看,受经济增长放缓、企业利润增幅低、物价涨幅回落,特别是工业生产者出厂价格下降以及结构性减税力度等因素影响较大,全国财政收入增幅比上年回落 12.2 个百分点,其中税收收入增幅回落 10.5 个百分点。

2. 主要支出项目执行情况

按照稳增长、调结构、促改革、惠民生的要求,预算执行中根据经济社会发展需要,在没有扩大中央财政支出(包括中央本级支出和对地方转移支付)预算规模的条件下,调整支出结构,重点增加了保障性安居工程、农业水利、节能环保等民生领域的投入。

教育支出 3 781.52 亿元,完成预算的 100%,增长 15.7%;科学技术支出 2 291.5 亿元,完成预算的 100.3%,增长 12.7%;文化体育与传媒支出 494.68 亿元,完成预算的 100.2%,增长 18.9%;医疗卫生支出 2 048.2 亿元,完成预算的 100.6%,增长 17.2%;社会保障和就业支出 5 753.73 亿元,完成预算的 100.1%,增长 22%;住房保障支出 2 601.6 亿元,完成预算的 122.9%,增长 44.6%;农林水事务支出 5 995.98 亿元,完成预算的 109.2%,增长 25.3%;节能环保支出 1 998.43 亿元,完成预算的 113%,增长 23.1%;交通运输支出 3 969.22 亿元,完成预算的 111.3%,增长 20.3%;国防支出 6 506.03 亿元,完成预算的 100%,增长 11.5%;公共安全支出 1 880 亿元,完成预算的 102.9%,增长 10.9%。

对比数据可以看出,2012 年全国财政收入继续小于财政支出,而且财政收入增长幅度小于财政支出增长幅度,收支差距进一步拉大。(2011 年我国财政收入 103 740 亿元,比上年增长 24.8%;全国财政支出 108 930 亿元,比上年增长 21.2%。全国财政收入小于财政支出,但财政收入增长幅度高于财政支出增长幅度。)

摘编自:中央政府门户网站,http://www.gov.cn/2013lh/content_2357871.htm.

二、财政政策的运用

财政政策主要通过政府支出和税收来调节经济。在经济萧条的时候,政府可以通过增加财政支出来刺激经济,可以向企业进行大规模采购,以刺激民间投资增加;也可以兴建更多的公共工程,创造社会需求和增加就业,同时也为经济发展提供了经济基础。

此外,政府还可以增加转移支付,增加对社会居民的各种补贴,提高居民消费能力,从而带动消费需求。政府支出和转移支付的增加,可以增加总需求,有助于克服经济萧条现象,实现充分就业。相反,当经济过度繁荣时,政府通过减少财政支出,来抑制总需求,减少通货膨胀。

在经济萧条的时候,政府也可以通过调节财政收入来刺激经济。在经济萧条时,由于总需求不足,为了刺激总需求,政府往往采取减税的措施,使企业和个人可支配收入增加,这样居民更有能力进行消费,企业更有能力进行投资,社会的消费需求和投资需求增加,总需求也随之增加。

而在经济繁荣时期,总需求大于总供给,经济中存在通货膨胀,政府采取增加税收的办法,来限制企业的投资与居民消费,从而减少社会总需求,抑制经济过热,使经济恢复到比较正常的状态。

在现实中,政府的支出政策和收入政策互相配合,同时发生变化,以使财政政策达到更为理想的效果。在经济萧条时,政府在增加支出的同时还会采取减税措施;在经济繁荣时,政府减少支出的同时还会增加税收,以抑制社会总需求,最大限度地达到缓解通货膨胀的压力。

概念辨析 1-2

扩张性财政政策和紧缩性财政政策

扩张性财政政策是通过增加政府支出和减少税收来刺激经济的政策;紧缩性财政政策是通过减少政府支出与增加税收来抑制经济的政策。

三、内在稳定器

所谓"内在稳定器"是指这样一种宏观经济的内在调节机制:即在宏观经济的不稳定情况下自动发挥作用,使宏观经济趋向稳定。财政政策的这种"内在稳定器"效应无须借助外力就可直接产生调控效果,财政政策工具的这种内在的、自动产生的稳定效果,可以随着社会经济的发展,自行发挥调节作用,不需要政府专门采取干预行动。财政政策的"内在稳定器"效应主要表现在:累进的所得税制和公共支出,以及各种转移支付。

1. 税收的自动变化

当经济萧条时，国内生产总值下降，个人或公司收入减少，政府征收的所得税和公司利润税也会减少，有助于维持总需求，起到控制经济衰退的作用。反之，当经济繁荣时，失业率下降，个人和公司收入自动增加，税收也会自动增加，特别是在实行累进税的情况下，税收的增长率往往超过了国民收入的增长率，从而起到抑制通货膨胀的作用。因此，税收对经济变动会自动地起到遏止总需求扩张和经济过热的作用。

2. 政府支出的自动化

当经济萧条时，工人失业增加，需要社会救济和补助的人数增加，社会失业救济和其他社会福利支出也就会相应增加，这类转移支付增加，来维持失业人员的工资，这样就可以增加个人消费需求，从而也会增加社会总需求。当经济繁荣时则相反，失业人数和需要补助的人数减少，政府的失业救济和其他补助也会减少，这类转移支付减少，从而有利于抑制消费和投资的增加，有利于稳定经济。

3. 农产品价格维持制度

通过学习微观经济学我们知道，当农业丰收时，农产品价格下跌，政府按照农产品价格维持制度，用支持价格收购剩余农产品，增加农民的收入，增加消费。在农业歉收时期，农产品价格上涨，这时政府少收购农产品并销售农产品增加供给，限制农产品价格上涨，既抑制农民收入和消费的过度增加，又能稳定农产品的价格，防止通货膨胀。

4. 私人储蓄和公司储蓄

一般家庭在短期内收入下降，一般不会减少消费，而是用过去的储蓄来消费，短期收入增加，也不会立即消费，而是增加储蓄。公司也是这样，当收入减少也不会减少股息，而是减少保留利润，收入增加，也不会增加股息，而是增加保留利润。

以上制度对宏观经济活动都能起到自动稳定的作用。它们都是财政制度的内在稳定器，这些内在稳定器自动发生作用，自动调节经济，无须政府作出任何决策。但是，这些内在稳定器的作用是非常有限的，只能减轻萧条或通货膨胀的程度，并不能改变萧条或通货膨胀的总趋势；只能对财政政策起自动配合的作用，并不能代替财政政策。因此减少经济波动，政府仍需要有意识地运用财政政策来调节经济。

四、赤字财政政策

赤字财政政策也称为扩张性财政政策，它是指通过减税而减少国家的财政收入，增加企业和个人的可支配收入，刺激社会总需求，或通过发行国债扩大政策财政支出的规模，来扩大社会需求。财政赤字是一种客观存在的经济范畴，也是一种世界性的经济现象，它是国家职能的必然产物。

纵观世界各国，在经济增长缓慢、市场萎靡的时候，一般都以财政赤字的增加为代价来支持经济持续发展。在经济萧条时期，采用扩大政府的财政支出、减税等办法必然会导致财政赤字。财政赤字就是政府收入小于支出。在现实中，许多国家都运用赤字财政政策来刺激经济。

凯恩斯认为，财政政策应该为实现充分就业服务，因此，赤字财政政策不仅是必要的，而且也是可能的，这是由于以下3点。

（1）债权人是国家，债务人是社会公众；国家与公众的根本利益是一致的。政府的财政赤字是国家欠公众的债务，也就是自己欠自己的债务。

（2）政府政权稳定，债务偿还有保证，公债发行增加，不会给债权人带来危害，发行公债是用于刺激有效的需求，发展经济，经济就会好转。

（3）政府实行赤字财政政策是通过发行公债来进行的。债务用于发展经济，使政府有能力偿还债务，弥补财政赤字。这就是一般所说的"公债哲学"。

赤字财政政策的积极作用如下。

（1）赤字财政政策是在经济运行低谷期使用的一项短期政策。在短期内，经济若处于非充分就业状态，社会的闲散资源并未充分利用时，财政赤字可扩大总需求，带动相关产业的发展，刺激经济回升。

（2）在当前世界经济增长乏力的条件下，中国经济能够保持平稳增长态势，积极稳健的财政政策功不可没。从这个角度说，财政赤字是国家宏观调控的手段，它能有效动员社会资源，积累庞大的社会资本，支持经济体制改革，促进经济的持续增长。

（3）实际上财政赤字是国家为经济发展、社会稳定等目标，依靠国家坚实和稳定的国家信用调整和干预经济，是国家在经济调控中发挥作用的一个表现。

赤字财政政策的消极作用如下。

（1）赤字财政政策并不是包治百病的良药。刺激投资，就是扩大生产能力。实行扩张性政策，有可能是用进一步加深未来的生产过剩的办法来暂时减轻当前的生产过剩。因此，长期扩张积累的后果必然会导致更猛烈的经济危机的爆发。

（2）财政赤字可能增加政府债务负担，引发财政危机。财政风险指财政不能提供足够的财力致使国家机器的运转遭受严重损害的可能性，当这种可能性转化为现实时，轻者导致财政入不敷出，重者引起财政危机和政府信用的丧失。

财政赤字规模存在着一个具有客观性质的合理界限，如果赤字规模过大，会引发国家信用危机。对财政赤字风险性的评价，国际上通用4个指标：一是财政赤字率，即赤字占GDP的比重，一般以不超过3%为警戒线；二是债务负担率，即国债余额占GDP的比重，一般以不超过60%为警戒线；三是财政债务依存度，即当年国债发行额/（当年财政支出＋当年到期国债还本付息），一般以不超过30%为警戒线；四是国债偿还率，即当年国债还本付息/当年财政支出，一般以不超过10%为警戒线。

（3）赤字财政政策孕育着通货膨胀的种子，可能诱发通货膨胀。从某种程度上说，赤字财政与价格水平的膨胀性上升有着固定的关系。其原因并不难寻，在一个社会里，赤字财政导致货币需求总量增加，而现存的商品和劳务的供给量却没有以相同的比例增加，这必然要使经济产生一种通货膨胀缺口，引起价格水平提高。在财政赤字不引起货币供给量增加的情况下，赤字与需求拉上型通货膨胀有直接关系。

所以，经济学家认为，赤字财政政策可以用，但要有限制。

五、挤出效应和财政政策效果

挤出效应指一个市场上，由于供应、需求有新的增加，导致部分资金从原来的预支中挤出，而流入新的商品中。财政政策的挤出效应是指政府开支增加所引起的私人消费或投资降低的效果。

在一个充分就业的经济中,政府支出增加会以下列方式使私人投资出现抵消性的减少:由于政府支出增加,商品市场上购买产品和劳务的竞争会加剧,物价就会上涨,在货币名义供给量不变的情况下,实际货币供给量就会因价格上涨而减少,进而使可用于投机目的货币量减少。结果,债券价格就下跌,利率上升,进而导致私人投资减少。投资减少了,人们的消费随之减少。这就是说,政府支出增加"挤占"了私人投资和消费。

政府在多大程度上"挤占"私人支出呢?这取决于以下几个因素。

(1) 支出乘数的大小。政府支出增加会使利率上升,乘数越大,利率提高使投资减少,引起的国民收入减少也越多,挤出效应越大。

(2) 对利率的敏感程度。如果敏感程度越高,一定量利率水平的变动对投资水平的影响就越大,因而挤出效应就越大;反之越小。

(3) 货币需求对产出水平的敏感程度。该敏感程度主要取决于支付习惯,与挤出效应成正比。

(4) 货币需求对利率变动的敏感程度。该敏感程度与挤出效应成反比。

> **概念辨析 1-3**
>
> **货币主义者 vs. 凯恩斯主义者**
>
> 各经济学派对财政政策挤出效应有不同看法。
>
> 货币主义者认为,财政政策挤出效应大,甚至为1,所以财政政策效用不大,甚至无用。他们认为,货币需求只取决于收入,而不取决于利率,即货币需求对利率变动没有什么影响,这样,利率上升并不会使货币需求减少,从而利率的上升就会引起挤出效应,挤出效应不会使总需求发生变化,使财政政策起不到刺激经济的作用。
>
> 凯恩斯主义者认为,财政政策挤出效应不大,只有达到充分就业后才会存在挤出效应,在有效需求不足的条件下,不存在萧条时期政府支出排挤私人支出的问题。所以,财政政策有刺激经济的作用。他们认为,货币需求会对利率变动作出反应。这就是说,由于货币投机需求存在,所以利率上升时,货币需求会减少。在货币供给不变的情况下,当财政政策引起利率上升时,货币需求减少。这就会抑制利率的进一步上升,甚至会使利率有所下降,从而使利率上升有限,挤出效应小。

六、财政政策的局限性

1. 滞后对政策的影响

财政政策的制定和实施,需要提出方案、讨论和实施,有很多中间环节,在经历这些过程后,经济形势很可能就已经发生变化,从而就影响了宏观经济政策的发挥。

2. 挤出效应的影响

在社会资源既定的情况下,政府支出扩大,争夺了私人投资的资源,也会抑制私人投资,使政府财政支出的扩张作用被部分或全部抵消。

3. 社会阻力的影响

由于经济政策的实施,会给不同经济利益体带来影响,所以在执行过程中,会遇到不同阶层和集团的抵制,从而使政策目标难以实现。

个案研究 6-2

我国财政政策的执行情况

1993—1997 年,为应对经济过热和通货膨胀,我国政府实施了适度从紧的财政政策,实现了"高增长、低通胀"的良好局面;1998—2003 年,受亚洲金融危机的影响,国内出现了需求不足和通货紧缩,政府实施了积极的财政政策,抵御亚洲金融危机的冲击,推动经济结构的调整和持续增长;2004—2008 年,我国经济开始走出了通货紧缩的阴影,呈现出加速发展的态势,部分行业和投资增长过快,通胀压力加大,这种情况下,政府自 2005 年将积极的财政政策转向稳健的财政政策;2008—2010 年,为了应对国际金融危机,保持我国经济平稳快速发展,开始实行积极的财政政策和适度宽松的货币政策;2011 年起转为积极的财政政策和稳健的货币政策。2013 年将继续实施积极的财政政策和稳健的货币政策。

第三节 货 币 政 策

货币政策指中央银行通过控制货币供应量来调节利率进而影响投资和整个经济以达到一定经济目标的经济政策。凯恩斯主义者认为,货币政策和财政政策一样,也是调节国民收入以达到稳定物价、充分就业的目标,实现经济稳定增长。两者不同之处在于,财政政策直接影响总需求的规模,这种直接作用没有任何中间变量;而货币政策还要通过利率的变动来对总需求发生影响,因而是间接地发挥作用。

货币政策也可分为扩张性的和紧缩性的。扩张性的货币政策是通过增加货币供给来带动总需求的增长。货币供给增加时,利息率会降低,取得信贷更为容易,因此经济萧条时多采用扩张性货币政策。反之,紧缩性货币政策是通过削减货币供给的增长来降低总需求水平,在这种情况下,取得信贷比较困难,利率也随之提高;因此,在通货膨胀严重时,多采用紧缩性货币政策。

一、货币与银行制度

1. 货币

货币是从商品中分离出来固定地充当一般等价物的商品;货币是商品交换发展到一定阶段的产物。货币的本质就是一般等价物,具有价值尺度、流通手段、支付手段、贮藏手段、世界货币的职能。

通常货币供应量划分为 3 个层次:流通中现金(M_0),即在银行体系以外流通的现金,居民手中的现钞和企事业单位的备用金;狭义货币(M_1),即现钞加上商业银行活期存款;广义货币(M_2),即狭义货币加银行存款中的定期存款、储蓄存款、外币存款等。

$$M_0 = 现金$$
$$M_1 = M_0 + 企事业单位活期存款$$

$$M_2 = M_1 + 企事业单位定期存款 + 居民储蓄存款$$

在这3个层次中，M_0 与消费变动密切相关，是最活跃的货币；M_1 反映居民和企业资金松紧变化，是经济周期波动的先行指标，流动性仅次于 M_0；M_2 流动性偏弱，但反映的是社会总需求的变化和未来通货膨胀的压力状况，通常所说的货币供应量，主要指 M_2。

2. 银行制度

银行制度是指在这一制度中各类不同银行的职能、性质、地位、相互关系、运营机制以及对银行的监管措施所组成的一个体系，是一国金融制度的一个重要组成部分。我国实行的是单一的中央银行制度。即以中央银行为核心，以中央银行和商业银行、金融机构共同构成银行体系。但是，影响货币供应量的主要是中央银行和商业银行。

中央银行的主要职能如下。

(1) 发行的银行。中央银行代表国家发行纸币，根据市场情况调节货币供应量。

(2) 银行的银行。中央银行执行票据清算的职能，接受商业银行的存款，为商业银行发放贷款，监督和管理商业银行，调节货币流通。

(3) 国家的银行。中央银行代理国库收存款，代理国家发行公债，并对国家提供贷款。

商业银行的职能如下。

(1) 信用中介。这是商业银行的基本职能。商业银行通过吸收存款将社会闲置资金聚集起来，通过贷款将其投向需要货币资金的企业和部门。

(2) 支付中介。商业银行为客户办理与货币收付有关的技术性业务。

(3) 变货币收入和储蓄为货币资本。商业银行能把社会各主体的货币收入、居民储蓄集中起来再运用出去，扩大社会资本总额，加速社会生产和流通的发展。

(4) 创造信用流通工具。商业银行在信用中介的基础上，通过存贷款业务的开展创造派生存款。同时，商业银行通过发行支票、本票、大额定期存款单等信用工具，满足了流通中对流通手段和支付手段的需要，节约了与现金流通相关的流通费用。该职能是现代商业银行所特有的，成为国家干预经济生活的杠杆。

二、货币政策的工具与运用

个案研究 6-3

美国处理次贷危机的货币政策运用

在2008年危机发生初期，美联储采用了传统货币政策工具，如利用公开市场操作买卖有价证券，降低再贴现率以及联邦基金利率。但随着危机的不断深化，传统货币政策工具已经难以满足宏观调控的需要。由于联邦基金利率处于接近于零的水平，缺乏继续下调的空间，经济陷入"流动性陷阱"，故美联储转向量化宽松货币政策，向市场注入巨额流动性，以遏制危机发展，防止美国经济继续衰退。

一般来说，中央银行的传统货币政策工具包括公开市场操作、再贴现业务和法定存款准备金率。针对美国的实际情况而言，由于法定存款准备金政策对基础货币和货币乘数的影响较为猛烈，因此美联储几乎很少使用该工具进行调控。在此次危机中，美联储应用较多的传统货币政策工具是公开市场操作，美联储通过在公开市场上进行国债、地方政府债以及其他债权的买卖及回购交易，达到调节金融市场货币供给量的目的。而再贴现业务主要用于化解金融机构的流动性危机。此外，当美联储调整联邦基金利率时，也会辅之以再贴现利率。

美联储进行公开市场操作即通过买卖证券影响美联储的资产结构、商业银行的非借入准备金和金融市场的货币供应，进而使联邦隔夜拆借利率的实际水平尽可能地接近其操作目标值。由于公开市场操作与联邦基金利率存在较为紧密的联系，因此往往成为美联储调整联邦基金利率的工具。当市场流动性收缩时，商业银行对存款准备金的需求增加，会对联邦基金利率产生向上的压力，为使联邦基金利率维持目标水平，纽约联储公开市场交易室从市场买入债券，从而增加对银行存款准备金的供给，令联邦基金利率维持在目标水平。若信用环境进一步恶化，公开市场交易室可在市场上买入更多债券，令银行存款准备金的供给增加超过需求，使联邦基金利率处于更低的水平，银行获得了充足的存款准备金，并且在货币乘数效应的作用下，市场流动性便趋于扩张。鉴于此，在次贷危机管理中，美联储采用公开市场操作大量买入有价证券，大幅扩张短期货币供给，从而使得联邦基金利率迅速下降。

美联储在次贷危机管理中扩大了公开市场操作对象的选择范围，除国债外，还增加了对抵押贷款支持证券的购买。此举一方面增加了存款准备金的供给和创造货币的能力，并且可以直接调控联邦基金利率；另一方面还提高了抵押贷款支持证券的流动性，有助于缓解抵押贷款支持证券市场的信用紧缩，支持抵押贷款支持证券市场的稳定发展。

除三大传统货币政策工具外，美联储使用最多的工具是联邦基金利率，并且在危机初期，美联储最早的政策反应也是调整联邦基金利率。尤其在进入2008年以后，随着各大金融机构受次贷资产拖累纷纷宣告资产大幅减值，美联储采取了急剧降低联邦基金利率的方式，在2008年12月中旬时，美国联邦基金利率已降至0~0.25%。但危机并未因此而停止，由于联邦基金利率几乎处于零利率状态，缺乏继续下调的空间，因此美联储只得转而采取量化宽松货币政策，试图向市场注入巨额流动性资金以遏制危机发展。

摘编自：陈华，汪洋.中美经济刺激计划政策工具比较及政策退出前瞻[J].金融会计，2010(6).

货币政策工具，又称货币政策手段，是指中央银行为实现货币政策目标所采用的政策手段。包括常规性货币政策工具、选择性货币政策工具和补充性货币政策工具。

1. 常规性货币政策工具

西方国家中央银行多年来采用的三大政策工具，即法定存款准备率、再贴现政策和公开市场业务，这三大传统的政策工具有时也称为"三大法宝"，主要用于调节货币总量。

（1）法定存款准备率

法定存款准备率，是以法律形式规定商业银行等金融机构将其吸收存款的一部分上缴中央银行作为准备金的比率。20世纪30年代大危机后,各国普遍实行了法定存款准备金制度,法定存款准备率便成为中央货币供给量的政策工具。对于法定存款准备率的确定,目前各国中央银行都根据存款不同而有所区别。一般地说,存款期限越短,货币性越强,需要规定较高的准备金率,所以,活期存款的法定准备率高于定期存款的法定准备率。

法定存款准备率的政策效果如下。

① 法定存款准备率是通过决定或改变货币乘数来影响货币供给,即使准备率调整的幅度很小,也会引起货币供应量的巨大波动。

② 即使商业银行等金融机构由于种种原因持有超额准备金,法定存款准备金的调整也会产生效果,如果提高准备金比率,实际上是冻结了相应的超额准备金,在很大程度上限制了商业银行体系创造派生存款的能力。

其他货币政策工具都是以存款准备金为基础。

法定存款准备金局限性如下。

① 法定存款准备率调整的效果比较强烈,调整对象对整个经济和社会心理预期都会产生显著的影响,所以,不宜作为中央银行调控货币供给的日常性工具。

② 存款准备金对各种类别的金融机构和不同种类的存款的影响不一致,因而货币政策的效果可能因这些复杂情况的存在而不易把握。

(2) 再贴现政策

再贴现政策是指中央银行对商业银行持有未到期票据向中央银行申请再贴现时所作的政策性规定。再贴现政策一般包括两方面的内容:一是再贴现率的确定与调整;二是规定向中银行申请再贴现的资格。

前者主要着眼于短期,中央银行根据市场资金供求状况,调整再贴现率。能够影响商业银行借入资金的成本,进而影响商业银行对社会的信用量,从而调节货币供给的总量。同时,再贴现率的调整在一定程度上反映中央银行的政策意向,起一种告示效应,提高存款准备金意味着有紧缩意向;反之,则意味着有意扩张。在传导机制上,若中央银行调高再贴现率,商业银行需要以比较高的代价才能从中央银行获得贷款,商业银行就会提高对客户的贴现率或提高放款利率,其结果就会使信用量收缩,市场货币供给量减少。如中央银行采取相反的措施,则会导致市场货币供给量的增加。

再贴现政策的效果如下。

① 再贴现率的调整可以改变货币供给总量。

② 对再贴现资格条件的规定可以起到抑制或扶持的作用,并能够改变资金流向。

再贴现政策的局限性如下。

① 主动权并非只在中央银行,甚至市场的变化可能违背其政策意愿。因为商业银行是否再贴现或再贴现多少,取决于商业银行的行为,由商业银行自主判断、选择。如商业银行可通过其他途径筹措资金而不依赖于再贴现,则中央银行就不能有效控制货币供应量。

② 再贴现率的调节作用是有限度的,在经济繁荣时期,提高再贴现率也不一定能够抑制商业银行的再贴现需求;在经济萧条时期,调低再贴现率,也不一定能够刺激商业银

行的借款需求。

③ 再贴现率易于调整，但随时调整引起市场利率的经常波动，使商业银行无所适从。与法定存款准备率比较而言，再贴现率易加大利率风险，并干扰市场机制的动作。

(3) 公开市场业务

公开市场业务指中央银行在金融市场上公开买卖有价证券，以此来调节市场货币量的政策行为。当中央银行认为应该增加市场货币供应量时，就在金融市场上买进有价证券，与一般金融机构所从事的证券买卖不同，中央银行买卖证券的目的不是为了盈利，而是为了调节货币供应量。

公开市场业务政策的优越性如下。

第一，主动性强。中央银行的业务政策目标是调控货币量而不是盈利，所以它可以不计证券交易的价格，从容实现操作目的，即可以高于市场价格买进，低于市场价格卖出，业务总能做成，不像再贴现政策那样较为被动。

第二，灵活性高。中央银行可根据金融市场的变化，进行经常连续的操作，如果力度不够，可以随时加大。

第三，调控效果和缓，震动性小。由于这项业务以交易行为出现，不是强制性的，加之中央银行可以灵活操作，所以对经济社会和金融机构的影响比较平缓，不像调整法定存款准备率那样引起很大的震动。

第四，影响范围广。中央银行在金融市场上买卖证券，如交易对方是商业银行等金融机构，可以直接改变它们的准备金数额，如果交易对方是公众，则间接改变公众的货币持有量，这两种情况都会使市场货币供给量发生变化。同时，中央银行的操作还会影响证券市场的供求和价格，进而对整个社会投资和产业发展产生影响。

公开市场业务政策的局限性如下。

第一，中央银行必须具有强大的、足以干预和控制整个金融市场的金融实力。

第二，要有一个发达、完善的金融市场，且市场必须是全国性的，市场上证券种类齐全并达到一定规模。

第三，必须有其他政策工具的配合。

2. 选择性货币政策工具

随着中央银行宏观调控作用重要性的增强，货币政策工具也趋向多样化。除上述调节货币总量的三大主要工具外，还增加了对某些特殊领域的信用活动加以调节和影响的一系列措施。这些措施一般都是有选择地使用，故称为选择性货币政策工具，以便与传统的一般性政策工具相区别。选择性货币政策工具主要有以下几种。

(1) 消费信用控制

消费信用控制是指中央银行对不动产以外的各种耐用消费品的销售融资予以控制。在消费信用膨胀和通货膨胀时期，中央银行采取消费信用控制，能起到抑制消费需求和物价上涨的作用。例如，对分期付款方式购买耐用品时的首次付款规定最低比例，规定消费信贷的最长期限等。

(2) 证券市场信用控制

证券市场信用控制是指中央银行对有关证券交易的各种贷款和信用交易的保证金比

率进行限制,并随时根据证券市场的状况加以调整,目的在于控制金融市场的交易总量,抑制过度的投机。例如,规定一定比例的证券保证金比率。

(3) 不动产信用控制

不动产信用控制指中央银行对金融机构在房地产方面放款的限制性措施,以抑制房地产投机和泡沫。例如,对房地产贷款规定最高限额、最长期限及首次付款和分摊还款的最低金额等。

(4) 优惠利率

优惠利率是中央银行对国家重点发展的经济部门或产业,所采取的鼓励性措施。例如,出口工业、农业等重点发展的经济部门或产业,规定较低的贷款利率。

(5) 预缴进口保证金

预缴进口保证金是指中央银行要求进口商预缴相当于进口商品总值一定比例的存款。以抑制进口过快增长。预缴进口保证金多为国际收支经常项目出现逆差的国家所采用。

3. 补充性货币政策工具

除以上常规性、选择性货币政策工具外,有时还运用一些补充性货币政策工具,对信用进行直接控制和间接控制。

(1) 信用直接控制工具,指中央银行依法对商业银行创造信用的业务进行直接干预而采取的各种措施,主要有信用分配、直接干预、流动性比率、利率限制、特种贷款。

(2) 信用间接控制工具,指中央银行凭借其在金融体制中的特殊地位,通过与金融机构之间的磋商、宣传等,指导其信用活动,以控制信用,其方式主要有窗口指导、道义劝告。

三、货币政策理论

1. 凯恩斯主义货币政策

凯恩斯主义货币政策是要通过对货币供给量的影响来调节利率,再通过利率的变动来影响需求的货币政策。在这种货币政策中,政策的直接目标是利率,利率的变动通过货币量调节来实现,所以调节货币量是手段,调节利率的目的是要调节总需求,所以总需求变动是政策的最终目标。

凯恩斯主义是以人们的财富只有货币与债券这两种形式的假设为前提的。在这一假设之下,债券是货币的唯一替代物,人们在保存财富时只能在货币与债券之间作出选择。持有货币无风险,但也没有收益;持有债券有收益,但也有风险。

人们在保存财富时总要使货币与债券之间保持一定的比例。如果货币供给量增加,人们就要以货币购买债券,债券的价格就会上升;反之,如果货币供给量减少,人们就要抛出债券以换取货币,债券的价格就会下降。可以写为

$$债券价格 = \frac{债券收益}{利率}$$

可以看出,债券价格与利率的高低成反比,与债券收益的大小成正比。因此,货币量增加,利率下降,债券价格上升;反之,货币量减少,债券价格下降,利率上升。利率的变动影响投资。投资是总需求中重要的一部分,会影响到总需求和国内生产总值。这就是扩

张性货币政策发生作用的机制。

中央银行运用货币政策直接调控的是货币供给量。它控制货币供给量的工具就是前面介绍的公开市场活动,即再贴现率和存款准备金率。

知识链接 6-2

凯恩斯主义货币政策的运用

货币政策可以分为扩张性的货币政策和紧缩性的货币政策。扩张性货币政策是指通过增加货币供给来带动总需求的增长。货币供给增加时,利率会降低,取得信贷更为容易。因此经济萧条时多采用扩张性货币政策。紧缩性货币政策是指通过削减货币供给来降低总需求水平,在这种情况下,取得信贷比较困难,利率也随之提高。因此,在通货膨胀严重时多采用紧缩性货币政策。

---

2. 货币主义货币政策

货币主义的货币政策在传递机制上与凯恩斯主义的货币政策不同。货币主义的基础理论是现代货币数量论,即认为影响国内生产总值与价格水平的不是利率而是货币量。货币主义者反对把利率作为货币政策的目标。因为货币供给量的增加只会在短期内降低利率,而其主要影响还是提高利率。

这首先在于,货币供给量的增加使总需求增加,总需求增加一方面增加了货币需求量,另一方面提高了价格水平,从而减少了货币的实际供给量,这两种作用的结果就会使利率提高。其次,利率还要受到人们对通货膨胀预期的影响。也就是说,名义利率等于实际利率加预期的通货膨胀率。货币供给量增加提高了预期的通货膨胀率,从而也就提高了名义利率。因此,货币政策无法限定利率。

货币主义者还认为,货币政策不应该是一项刺激总需求的政策,而应该作为防止货币本身成为经济失调根源的政策,为经济提供一个稳定的环境,并抵消其他因素所引起的波动。因此,货币政策不应该是多变的,应该以控制货币供给量为中心,即根据经济增加的需要,按一固定比率增加货币供给量,这也被称为"简单规则的货币政策"。这种政策可以制止通货膨胀,为经济的发展创造一个良好的环境。

3. 中性货币政策

中性货币政策是指不用货币政策去刺激、抑制经济,而是使货币在经济中保持中性,即把货币政策的重点放在稳定物价上。也就是说,货币政策的目的不是实现充分就业、经济增长及其他目标,而是稳定物价,为市场机制的正常进行创造一个良好的环境。

四、货币政策的局限性

知识链接 6-3

流动性陷阱

所谓"流动性陷阱",是凯恩斯提出的一种假说,指当一定时期的利率水平降低到

> 不能再低时,人们就会产生利率上升而债券价格下降的预期,货币需求弹性就会变得无限大,即无论增加多少货币,都会被人们储存起来。发生流动性陷阱时,再宽松的货币政策也无法改变市场利率,使得货币政策失效。

西方国家实行货币政策,常常是为了稳定经济,减少经济波动,但事实上,也存在一些局限性。

(1) 货币政策在通胀下效果显著,但在通货紧缩时由于流动性陷阱的影响,效果有限。

(2) 从投资来看,货币政策之所以有效是因为它先在货币市场上影响利率水平;其次在产品市场上引起一系列的变化。但这是有前提的,即货币流通速度不变。货币流通速度加快,意味着货币需求增加;反之,货币需求减少。例如,如果央行货币供给增加一倍,但流通速度也增加一倍的话,政策就是无效的。

(3) 货币政策的外部时滞也影响货币政策的效果。中国货币政策的外部时滞为大约两个季度,两个季度前旨在抑制通胀的政策,如果两个月后市场表现为紧缩,则会雪上加霜。

(4) 其效果还要受开放程度的不同。开放程度越大,外国资本对本国的影响就越大。无论实行哪种货币制度(浮动或固定),都会使原先的货币政策大打折扣。

总之,货币政策在实践中存在的问题远不止这些,但是,货币政策作为平抑经济波动的手段作用也是有的。

第四节 两种政策的混合使用

为实现和保持经济的持续稳定增长,仅仅靠市场这只"无形的手"是不够的,还需要国家宏观调控这只"有形的手"。财政政策和货币政策都是国家宏观调控的重要手段,它们共同作用于一国的宏观经济,因而存在着相互配合的问题。研究货币政策与财政政策的协调与配合,必须要搞清它们两者之间的关系。

1. 财政政策和货币政策的相同点

(1) 货币政策与财政政策是政府干预社会经济生活的主要工具,它们共同作用于本国的宏观经济方面。

(2) 它们都是着眼于调节总需求,使之与总供给相适应。

(3) 它们追求的最终目标都是实现经济增长、充分就业、物价稳定和国际收支平衡。

2. 财政政策和货币政策的不同点

(1) 政策的实施者不同,财政政策由财政部门实施;货币政策由中央银行来实施。

(2) 作用过程不同。财政政策的直接对象是国民收入再分配过程,以改变国民收入再分配的数量和结构为初步目标,进而影响整个社会经济生活;货币政策的直接对象是货币运动过程,以调控货币供给的结构和数量为初步目标,进而影响整个社会经济生活。

(3) 政策工具不同。财政政策所使用的工具一般与政府的收支活动相关,主要是税收、国债及政府的转移性支出等;货币政策使用的工具通常与中央银行的货币管理业务活动相关,主要是存款准备金率、再贴现率、公开市场业务等。

(4) 两种政策的影响范围不同。财政政策的实施,要通过一段时间,财政政策的影响范围更大一些;货币政策由中央银行做出,影响范围相对小一些。

3. 财政政策和货币政策的搭配使用

货币政策与财政政策出自于同一个决策者却由不同机构具体实施,为达到同一个目标却又经过不同的作用过程,作用于同一个经济范围却又使用不同的政策工具。其共性的存在,决定了它们相互配合的客观实际,其区别则又导致了在实施过程中有可能发生偏差。在具体实施过程中会有4种配合模式。

(1) 紧缩的货币政策与紧缩的财政政策,即"双紧"政策。适用于严重的通货膨胀时期,通过"双紧"政策,能有效地抑制社会总需求。

(2) 扩张的货币政策与扩张的财政政策,即"双松"政策。适用于严重的经济衰退时期,通过"双松"政策,能有效地刺激总需求。

(3) 扩张的货币政策与紧缩的财政政策,即"松货币、紧财政"政策。这样可以减少政府开支,稳定物价,又可以减低利息率,增加投资。

(4) 紧缩的货币政策与扩张的财政政策,即"紧货币、松财政"政策。这样既可以有效地刺激社会总需求,又可以避免通货膨胀。

4种模式由于政策的作用方向和组合的不同,会产生不同的政策效应,见表6-1。

表6-1 4种模式下的政策效应

经济背景与经济类型		财 政 政 策	
		紧	松
货币政策	紧	社会总需求极度膨胀,社会总供给极度不足,物价上升幅度大。 主要目标是抑制通货膨胀。 政府减少支出、增加税收;提高利率,减少货币供给	通货膨胀与经济停滞并存,产业结构失衡,生产力布局不合理,公共事业和基础设施落后。 主要目标是刺激经济增长,同时降低通货膨胀。 减少税收、增加财政支出;提高利率减少货币供给
	松	政府开支过大,但是企业投资并不多,生产能力和生产资源又增加潜力。 主要目标是刺激经济增长。 政府支出减少、增加税收;减低利率,增加货币供给	社会总需求不足,生产能力和生产资源闲置,失业严重。 主要目标是解决失业和刺激经济增长。 减少税收、增加财政支出;减低利率增加货币供给

西方经济学家认为,国家运用经济政策来干预经济生活,不是在任何情况下都必不可少,而只是当经济超出一定限度,才需要政府调控。运用宏观经济政策,不能过紧,也不能过松,而应该松紧配合,尽最大可能兼顾各个经济政策的目标。通过两类政策的共同作用机制,调节国民收入和物价水平。

个案研究 6-4

中国宏观经济政策的实践

改革开放以来,中国的宏观经济政策搭配实践有5个典型阶段。

第一阶段(1988年9月—1990年9月),"紧财政、紧货币"的双紧政策。从1988年年初开始,中国经济进入过热状态,表现为经济高速增长(工业产值增幅超过20%)、投资迅速扩张(1988年固定资产投资额比1987年增长18.5%)、物价上升迅速(1988年10月物价比上年同期上升27.1%)、货币回笼缓慢(流通中的货币增加46.7%)和经济秩序混乱。

在这种形势下,中国于1988年9月开始实行"双紧"政策。具体措施有:收缩基本建设规模、压缩财政支出、压缩投资规模、严格控制现金投放和物价上涨、严格税收管理等。"双紧政策"很快见效,经济增长速度从20%左右跌至5%左右,社会消费需求大幅下降,通货膨胀得到遏制,1990年第三季度物价涨幅降到最低水平,不到1%。

第二阶段(1990年9月—1991年12月),"紧财政、松货币"的一紧一松政策。在"双紧"政策之后,中国经济又出现了新的失衡。表现为市场销售疲软,企业开工不足,企业资金严重不足,三角债问题突出,生产大幅下降。针对上述情况,从1991年年初开始,实行了宽松的货币政策,中央银行陆续多次调低存贷款利率,以刺激消费、鼓励投资。这些政策在实施之初效果并不显著,直到1991年下半年,市场销售才转向正常。

第三阶段(1992年1月—1993年6月),"松财政、松货币"的双松政策。1992年,财政支出4 426亿元,其中财政投资1 670亿元,分别比年初预算增长107%和108%。信贷规模也大幅度增长,货币净投放额创历史最高水平。"双松"政策的成效是实现了经济的高速增长,1992年GDP增长12.8%,城市居民人均收入增长8.8%,农村居民人均收入增长5.9%。但是"双松"政策又带来了老问题,即通货膨胀加剧、物价指数再次超过两位数;短线资源再度紧张。

第四阶段(1993年7月—1996年年底),"适度从紧的财政与货币政策"。具体措施有:控制预算外投资规模;控制社会集资搞建设;控制银行同业拆借;提高存贷利率等。与1988年的紧缩相比,财政没有大动作,货币紧缩力度较缓。适度的"双紧"政策使我国的宏观经济终于成功实现了"软着陆"。各项宏观经济指标表现出明显的改善:1996年GDP的增长率为9.7%,通货膨胀率降为6.1%;外汇储备达到1 000多亿美元。这次政策配合实施被认为是中国治理宏观经济成效较好的一次,为中国以后实施经济政策积累了经验。

第五阶段(1997年—1998年),适度的货币政策和积极的财政政策。1997年到1998年,中国经济发展受到了亚洲金融危机和国内自然灾害等多方面的冲击。经济问题表现为通货紧缩式的宏观失衡,经济增长的力度下降,物价水平持续下降,失业增加,有效需求不足,出口不振等。面临新形势,中国政府实施了较有力度的财政扩张政策,其措施是大量发行国债,投资于基础设施方面的建设;实施适当的货币政策,连续下调人民币存贷款利率,改革商业银行体系等。这些政策使中国经济成功地应对了亚洲金融危机的挑战,保持了国民经济的持续增长。

阅读文章

我国房地产宏观调控政策回顾

我国对房地产的重要宏观调控分别发生在1993年、1998年、2003年、2005年、2008年、2010年。代表性调控政策包括国十六条、国八条、国六条、新国十条、23号文件、18号文件、新国八条、新国五条等。

1. 1993—1996年：我国第一次对房地产业进行宏观调控

现状：首次出现房地产热——房地产开发公司急剧增加，房地产开发投资高速增长，以炒地皮、炒钢材、炒项目为主的房地产市场异常活跃，尤其是海南、广西北海等地，房地产开发过热，形成了较严重的房地产泡沫，经济运行出现严重过热态势和通货膨胀。

对策：1993年，国务院出台《关于当前经济情况和加强宏观调控意见》，提出整顿金融秩序、加强宏观调控的十六条政策措施（通称"国十六条"）；1994年系列出台《关于深化城镇住房制度改革的决定》、《城市房地产管理法》和《住宅担保贷款管理试行办法》等政策。

效果：随着各项措施的落实，全国房地产开发的增长速度明显放缓，通货膨胀得到遏制。经济由热转冷，房地产市场也沉寂下来，商品房和商品住宅的价格迅速回落。经过3年努力，中国经济终于在1996年成功实现"软着陆"。

问题：此次调控给房地产业一记重创。"国十六条"一出，海南房地产热浪应声而落，数千家开发商卷款逃离，留下遍地烂尾楼。后经统计，海南省当时闲置土地18 834公顷，积压资金800亿元，仅四大国有商业银行的坏账就高达300亿元，而一海之隔的北海，沉淀资金甚至高达200亿元，烂尾楼面积超过了三亚，被称为中国的"泡沫经济博物馆"。泡沫破裂后，海南等地房地产市场元气大伤，进入持续数年的低谷期。

2. 1998—2002年：促进住宅业成为新的经济增长点，核心是房改

现状：1997年亚洲金融危机爆发后，我国经济开始出现"通货紧缩"，房地产市场也随之进入低潮。

对策：为刺激消费、拉动内需，1998年7月，国务院颁布《关于进一步深化城镇住房制度改革、加快住房建设的通知》（简称"23号"文件），明确提出"促使住宅业成为新的经济增长点"，并拉开了以取消福利分房为特征的中国住房制度改革。

23号文件强调，在停止住房实物分配后，新的国家住房保障体系在"逐步实行住房分配货币化"的同时，要"建立和完善以经济适用住房为主体的住房供应体系"。1999年中央政府开始在全国范围内停止福利分房制度，推行住房分配货币化制度。

效果：随着各项政策措施贯彻落实，大大激活了低迷数年的房地产市场，推动了房地产业的高速发展，我国房地产市场和房地产业进入发展新时期。

问题：这一时期存在住房供应结构不合理矛盾突出，房地产市场秩序比较混乱等问题。为打击"囤地"、"倒地"现象，规范土地交易市场《招标拍卖挂牌出让国有土地使用权规定》，全国范围内"商业、旅游、娱乐和商品住宅用地等各类经营性用地，必须以招标、拍卖或挂牌方式出让"意味着持续多年的"协议出让"在法定意义上被叫停。但这一政策出发点是"从源头上防治腐败，降低不合理的房价"，实际操作缺乏统一规范，为出现新的高

房价问题埋下了隐患。

3. 2003—2005年：确立房地产为国民经济支柱产业

现状：从2003年开始，我国房地产投资快速增长，再次出现经济过热迹象。由于2003年土地使用权全面施行招投标、挂牌、拍卖方式取得，导致土地价格和房价大幅上涨。而从1998年开始的房地产信贷给尚不完善的中国银行金融体系带来了巨大的潜在风险。

对策：2003年6月，中国人民银行下发《关于进一步加强房地产信贷业务管理的通知》（简称121号文件），调整商业银行个人住房贷款政策。规定对购买高档商品房、别墅或第二套以上（含第二套）商品房的借款人，适当提高首付款比例，不再执行优惠住房利率规定。此份文件是中国第一轮房地产牛市启动之后，中央政府第一次采取抑制房地产过热的措施。

同年8月出台《关于促进房地产市场持续健康发展的通知》（简称18号文件），首次明确指出"房地产业关联度高，带动力强，已经成为国民经济的支柱产业"，并提出促进房地产市场持续健康发展是保持国民经济持续快速健康发展的有力措施，对符合条件的房地产开发企业和房地产项目要继续加大信贷支持力度。

效果：18号文件确立的"国民经济的支柱产业"是对1998年23号文件所确立的"新的经济增长点"的升级，也标志着新一轮房地产宏观调控正式开始。

问题：18号文件没有提出实质性的控制房价和投资过热的措施，倒是把23号文件中有关"经济适用房是住房供应的主体"改为"经济适用房是具有保障性质的政策性商品住房"。意味着政府将"为70%~80%以上的家庭提供经济适用房"的政策调整为"多数家庭购买或承租普通商品住房"。该文件对经济适用房的重新定性也为后来个人、组织或群体利用住房改革政策寻租、非法获利埋下了隐患。

这两份意见相左的文件相继出台，将政府既害怕房地产价格和投资增长过快又希望继续拉动经济增长的摇摆不定的矛盾心态展露无遗。而各级政府主导的"圈地热"、日渐增大的金融信贷风险等原先大量潜在的问题也随着楼市的火爆而集中暴露出来。

4. 2005—2007年：调控以稳定房价为主要诉求

现状：2005年房地产开发虽然继续保持着快速发展的惯性，但增速明显减慢，然而，房价快速上涨的势头仍然没有改变，以深圳、北京为代表的全国众多城市房价迅猛上涨，房价成为社会关注的焦点。

对策：为了抑制投资过热、调整住房供应结构、稳定房地产价格，中央政府打出调控"组合拳"。2005年3月底，国务院办公厅下发《关于切实稳定住房价格的通知》，提出抑制住房价格过快上涨的八项措施（简称"国八条"），建立政府负责制，将稳定住房价格提升到政治高度。同年4月，国务院常务会议提出，当前加强房地产市场引导和调控要采取八项措施，对"国八条"进一步细化、延伸。随即，国务院转发由住房和城乡建设部等七部委联合制定的房地产调控操作层面的细化方案。

2006年5月，国务院常务会议通过有针对性的六项措施（简称"国六条"），将调整住房供应结构作为调控着力点。随后出台的《关于调整住房供应结构稳定住房价格的意见》（简称"九部委'十五条'"）对"国六条"进一步细化。其中提到的"限套型""限房价"的普通商品住房，被称作"限价房"——以期解决中等收入夹心层群体的住房问题。

2007年,以稳定房价为诉求的房地产调控进一步深化。土地、信贷、税收等为房地产市场降温的各项调控新政密集推出,从土地管理、规范市场秩序、抑制投机(尤其抑制外商投资房地产)、调整住房结构等多方面全面出击。

效果:房地产市场出现了一些积极变化,开发投资实现平稳增长,住宅开发结构得到一定改善。但是房价调控效果并没立即显现出来,反而出现边调控边上涨的现象。到2007年下半年,虽然总体房价涨幅有所放缓,但北京、上海、广州、深圳等城市住房价格仍在高位,且不断上扬。

问题:"国六条"提出的"规范发展经济适用房"方针,将门槛提高至城镇低收入阶层,试图构建一种"最低收入阶层靠廉租房,低收入阶层靠经济适用房,其他阶层靠房地产市场"的解决方案。这意味着,自2003年调控以来,政府保障房惠及的人群范围进一步缩小,政府将更多的人的住房问题扔给了市场。从供需关系上看,这一方针的确立势必推动房价上涨。

而加快城镇廉租住房制度建设和"限价房"方案的提出曾让人们看到希望,然而以后的房价走势却又屡屡让人们失望。

5. 2008——2010年:应对世界性金融危机,4万亿元救市

现状:2007年爆发于美国的次贷危机愈演愈烈,逐步演变成波及世界的金融危机,各国经济均受到不同程度的影响,于是纷纷出台救市计划。

对策:2008年是戏剧性的一年。年初货币政策从"适度从紧"改为"从紧",而财政政策继续保持稳健。下半年随着世界金融危机的影响扩大,央行宣布"双率"齐降,货币政策再度从"从紧"向"适度宽松"转变。2008年11月10日,中国政府出台了4万亿人民币的刺激经济增长计划,并列出十项刺激措施,其中包括:加快建设保障性安居工程,加快农村基础设施建设,加快铁路、公路和机场等重大基础设施建设和加快地震区灾后重建各项工作等。

效果:中国经济保持了平稳较快增长,对世界经济稳定做出了重要贡献。但对于房地产而言,本来在前期调控政策和金融危机的影响下,房地产投资迅速减少,国际热钱纷纷撤出,房地产市场进入观望状态,成交量日减,房价也有所下降。然而,在调控效果刚刚显现时,受国际因素影响,政策再次松动,最终导致前功尽弃。

问题:导致房地产价格大幅攀升。

6. 2010年至今,以稳定房价为主进行房地产调控

现状:2009年,中国房地产市场从年初的"试探性抄底",到年中的"放量大涨",再到年底的"恐慌性抢购",短短一年间,中国楼市迅速地由低迷转变为亢奋,由萧条转变为繁荣,调控由"去库存"转变为"挤泡沫"。2010年第一季度,房市神话继续上演,房价持续攀高。

对策:2009年12月,为遏制部分城市房价过快上涨,中央政府决定不再延长2008年年底出台的二手房营业税减免优惠政策,将个人住房转让营业税免征时限由2年恢复至5年,遏制炒房现象。随后提出了"增加普通商品住房的有效供给;继续支持居民自住和改善型住房消费,抑制投资投机性购房;加强市场监管;继续大规模推进保障性安居工程建设"四条具体措施(简称"国四条"),以完善促进房地产市场健康发

展为目标。国务院各部委陆续出台调控细节,逐渐废除了2008年的刺激房市政策,再次转向稳定房价。

2010年4月27日,国务院发布了《国务院关于坚决遏制部分城市房价过快上涨的通知》(简称"国十条"),被称为"史上最严厉的调控政策"。2010年4月及9月国务院连续两轮出台调控政策,虽然抑制了房价过快上涨,但是部分区域的房价依然保持上涨,特别是9月以后全国连续4个月价格环比继续上涨。2011年1月,国务院出台第三波楼市调控措施,其中限购政策扩大、二套房房贷首付比例提高至60%以及二手房交易营业税全额征收。

2013年2月20日,国务院常务会议对房地产调控作出新部署,出台了五条政策措施(业界称为"新国五条"),提出建立健全稳定房价工作的考核问责制度,坚决抑制投机投资性购房,严格执行商品住房限购措施,扩大个人住房房产税改革试点范围。会议还要求各直辖市、计划单列市和除拉萨外的省会城市要按照保持房价基本稳定的原则,制定并公布年度新建商品住房价格控制目标。同年3月1日,"新国五条"实施细则面世。从细则看,"新国五条"以强化和重申既有政策为主,比如限购、差别化贷款、推进保障房、加强市场监管、问责制等,但较之前的调控措施都更加严格,是对过去调控的"加码"。实施细则面世,规定个人售房将征收20%个税,引起广泛关注和热议。

争鸣:"新华微评"用3个"是否"对此表示担忧:①是否会将20%个税转嫁给买家再度推高房价?②是否会带动新楼销售,反而利好开发商和地方政府?③是否抑制了改善性需求而导致租房价格猛涨?

看似"征收20%个税"可以抑制投机性购房的势头,但按照楼市调控是为稳定或降低房价的初衷,用加大交易成本来降低商品的价格,就明显违反了市场规律。也许,可以把"征收20%个税"理解为降低售房者的利润而无关售价,那么,必须具备买方占据绝对优势的市场环境。但是,买方占据绝对优势的市场,还用得着用"调控"来抑制房价上涨吗?如果没有买方无奈的"追随",房价怎么得以一路飙涨?

那么,个人售房将按转让所得征收20%个税的最初结果可能就是,短期内二手房买卖将跌至冰点。这对于用于扩大供应的"保障房"还没有眼见为实时,堵住"空置房"进入市场的活路,无疑会加剧楼市的供需矛盾。而楼市的供需矛盾原本就是房价只涨不跌的市场动力。

"房产调控新举措会抑制炒房行为,但也会将交易成本转嫁给买方,从而抑制刚需,进而推高新房及房租价格。"财政部财政科学研究所所长贾康委员判断。

效果:尚待观察。

思考题:

1. 为什么1993年的房地产调控能比较迅速地见到成效?复旦大学谢百三教授说:"他(指朱镕基)的时期13年,货币管住了,房价不涨!",你怎么看?

2. 为什么此次房地产调控已经历时3年尚未见到明显成效,甚至有反弹趋势?

3. 你如何看待此次"征收20%个税"引发的"离婚潮"?

本章小结

政府是国民经济的最大消费者和生产者。在市场经济条件下,政府提供公共物品、行使公共职能、实现社会公共利益。职能有"守夜人"的职能、公共物品的职能、宏观调控的职能和增加社会公平的职能。

国家宏观调控的政策目标,一般包括充分就业、经济增长、物价稳定和国际收支平衡4项。

宏观经济政策的工具有需求管理政策、供给管理政策、国际经济政策。

财政政策包括政府支出和财政收入两部分,政府支出主要包括政府购买和转移支付两大类;政府收入主要形式都是税收。

财政政策主要通过政府支出和税收来调节经济。在经济萧条的时候,政府增加财政支出,向企业进行大规模采购,以刺激民间投资增加;扩张性财政政策是增加政府支出和减少税收来刺激经济的政策;而在经济繁荣时期,总需求大于总供给,经济中存在通货膨胀,政府采取增加税收的办法,来限制企业的投资与居民消费,从而减少社会总需求,抑制经济过热。紧缩性财政政策是通过减少政府支出与增加税收来抑制经济的政策。

财政政策的"内在稳定器"效应主要表现在:累进的所得税制和公共支出,以及各种转移支付。

挤出效应的影响因素有:支出乘数的大小、对利率的敏感程度、货币需求对产出水平的敏感程度和货币需求对利率变动的敏感程度。

财政政策的局限性:滞后对政策的影响、挤出效应的影响和社会阻力的影响。

货币供应量划分为3个层次:流通中现金(M_0)、狭义货币(M_1)、广义货币(M_2)。

银行制度是指在这一制度中各类不同银行的职能、性质、地位、相互关系、运营机制以及对银行的监管措施所组成的一个体系。

中央银行的主要职能:发行的银行、银行的银行、国家的银行。

商业银行的职能:信用中介、支付中介、变货币收入和储蓄为货币资本和创造信用流通工具。

货币政策工具包括常规性货币政策工具、选择性货币政策工具、补充性货币政策工具。

常规性货币政策采用的三大工具,即法定存款准备率、再贴现政策和公开市场业务。

货币政策的局限性:货币政策在通胀下效果显著,但在通货紧缩时由于流动性陷阱的影响,效果有限;从投资来看,货币政策之所以有效是因为它先在货币市场上影响利率水平,其次在产品市场上引起一系列的变化;货币政策的外部时滞也影响货币政策的效果;其效果还要受开放程度的影响。

本章内容结构

- 宏观经济政策理论
  - 政府部门及职责
    - "守夜人"的职能
    - 公共物品的职能
    - 宏观调控的职能
    - 增加社会公平的职能
  - 政府宏观经济政策的目标
    - 持续均衡的经济增长
    - 充分就业
    - 物价稳定
    - 国际收支平衡
  - 政府宏观经济政策的工具
    - 需求管理政策
    - 供给管理政策
    - 国际经济政策
  - 财政政策
    - 财政的基本构成
      - 政府支出
      - 政府收入
    - 财政政策的运用
      - 扩张性财政政策
      - 紧缩性财政政策
    - 内在稳定器
    - 赤字财政政策
    - 挤出效应和财政政策效果
    - 财政政策的局限性
  - 货币政策
    - 货币与银行制度
    - 货币政策的工具与运用
      - 常规性货币政策
      - 选择性货币政策工具
      - 补充性货币政策工具
    - 货币政策理论
      - 凯恩斯主义货币政策
      - 货币主义货币政策
      - 中性货币政策
    - 货币政策的局限性
  - 财政政策与货币政策混合使用

综合练习

一、名词解释

公共物品　　　政府支出　　　政府收入　　　收入政策　　　国际经济政策
赤字财政　　　银行制度　　　挤出效应　　　货币人力政策　公开市场业务
需求管理政策　供给管理政策　指数化政策　　再贴现　　　　法定存款准备金
经济增长　　　内在稳定器　　政策扩张性财政政策　　　　　紧缩性财政政策

二、选择题

1. （　　）在经济中不具有内在稳定器作用。

A. 累进税率制

B. 政府开支直接随国民收入水平变动

C. 社会保障支出和失业保险

D. 农产品维持价格

2. 扩张性的财政政策对经济有下述哪种影响？（   ）

   A. 缓和了经济萧条,减少了政府债务

   B. 缓和了经济萧条,但增加了政府债务

   C. 缓和了通货膨胀,但增加了政府债务

   D. 缓和了通货膨胀,减少了政府债务

3. 宏观货币政策和宏观财政政策的区别在于（   ）。

   A. 前者主要用来对付经济萧条,后者主要用来对付通货膨胀

   B. 前者主要通过改变投资支出发生作用,后者主要通过影响消费支出发生作用

   C. 前者主要通过利率来影响总需求,后者主要通过政府支出和税收的变化来影响总需求

   D. 以上三者都是

4. 在经济衰退时期,一般（   ）。

   A. 税收减少,政府支出减少   B. 税收减少,政府支出增加

   C. 税收增加,政府支出减少   D. 税收增加,政府支出增加

5. 内在稳定器的功能是（   ）。

   A. 缓解周期性的经济波动   B. 稳定收入

   C. 刺激经济的增长   D. 推迟经济的衰退

6. 中央银行最常使用的政策工具是（   ）。

   A. 法定准备金率   B. 贴现率   C. 公开市场操作   D. 道义劝告

7. 在（   ）的情况下,紧缩的货币政策的有效性将减弱。

   A. 实际利率很低   B. 名义利率很低

   C. 实际利率很高   D. 名义利率很高

8. 在（   ）的情况下,会产生挤出效应。

   A. 货币供给的下降提高利率,从而挤出了对利率敏感的私人支出

   B. 对私人部门税收的增加引起私人部门可支配收入和支出的下降

   C. 政府支出增加使利率提高,从而挤出了私人部门的支出

   D. 政府支出的下降导致消费支出的下降

9. （   ）不会引起收入水平的上升。

   A. 增加自主性支出   B. 减少自主性税收

   C. 增加自住性转移支付   D. 增加净税收

10. 在其他条件不变,增加自主性净税收,会引起（   ）。

    A. 国民收入增加   B. 国民收入减少

    C. 国民收入不变   D. 以上几种情况都有可能发生

三、计算题

假定某经济的社会消费函数 $C=300+0.8Y_d$,私人意愿投资 $I=200$,税收函数 $T=0.2Y$(单位为亿美元)。求:

(1) 均衡收入为 2 000 亿美元时,政府支出(不考虑转移支付)必须是多少?预算盈余还是赤字?

(2) 政府支出不变,而税收提高为 $T=0.25Y$,均衡收入是多少?这时预算将如何变化?

四、简述题

1. 简单论述挤出效应。
2. 简述扩张性财政政策与紧缩性财政政策。
3. 简述扩张性货币政策与紧缩性货币政策。
4. 试列举在不同的情况下,政府应如何混合使用财政政策与货币政策?

五、实践能力训练

1. 当某国经济处于衰退期,假设政府采取以下政策刺激经济。分析下列每一种政策对消费和投资的影响,并预测经济的走势。

(1) 增加政府支出。

(2) 增加货币的供给。

(3) 减少税收。

2. 设想中国经济疲软已经一年,实际 GDP 的增长处于较低水平(例如 6%),对外出口受到了限制,通货膨胀率不高(例如 1%),但居民储蓄仍处于较高的水平,并且仍然显示出强劲增长的态势。如果管理层决意扩大赤字,请问:

(1) 政策意图何在?

(2) 应采取何种方式?

(3) "挤出效应"是否显著?

(4) 货币政策应如何配合财政政策?

推荐阅读

[1] 黄典波.图解宏观经济学[M].北京:机械工业出版社,2009:第九章.

[2] 高鸿业. 西方经济学(宏观部分)[M]. 5 版. 北京: 中国人民大学出版社,2011:第十五、十六章.

[3] 刘裔宏,罗丹桂.西方经济学[M].长沙:中南大学出版社,2011:第八章.

[4] 狄俊锋,等.西方经济学概论[M].北京:中国传媒大学出版社,2009:第十章.

[5] 曼昆.经济学原理[M].5 版.梁小民,译.北京:北京大学出版社,2009:第三、十三章.

[6] 弗兰克.牛奶可乐经济学②[M].闾佳,译.北京:中国人民大学出版社,2009.

结束语

美国自由市场经济与国家干预的博弈

即使在美国这个最大的自由市场经济国家,关于政府该在多大程度上干预经济运行的争论也是由来已久。尽管有米尔顿·弗里德曼这样的经济学大师不遗余力地号召政府减少干预,但是每次经济出现危机以后,政府干预总会相随而来。

一、美国信奉已久的自由市场经济面临严重危机

美国是一个信奉以马歇尔经济学理论为基础的自由市场经济的国家,但自20世纪20年代末美国出现的经济大萧条,以凯恩斯为代表的国家干预理论催生了罗斯福新政。自此,基于微观经济学加上宏观经济学构成了西方经济学"矛盾的主体"。

在20世纪20年代末美国经济陷入大萧条后,罗斯福政府推出了大面积的经济干预政策。事实上,在美国开国之初,拥护政府主导的汉密尔顿和吹捧个人自由的杰斐逊就已经为政府在经济生活中的角色到底应该是什么而争论得不可开交。

2008年9月7日,美国政府宣布接管陷入困境的、有"第二美联储"之称的房利美(Fannie Mae)和房地美(Freddie Mac)公司。当时许多媒体纷纷报道称,"这是自2007年8月美国次贷危机全面爆发以来,美国政府所采取的规模和意义都最为重大的一次救市行动,也是自罗斯福新政以来最为庞大的政府干预经济措施,标志着次贷危机开始步入高潮。"

然而,时隔不到两周,9月16日晚,即美联储在拒绝雷曼兄弟的申请,任其破产的次日,美国政府以类似接管"两房"的手法变相地接管了资产过万亿美元的、世界上最大的金融保险巨擘美国国际集团(AIG)。在随后的半年之内,援助金额已由当初的850亿美元上升至1 800亿美元。

2009年6月1日,美国最大的汽车巨头通用汽车宣布申请破产保护,与此同时提出了重组计划。重组之后,通用汽车60%的股份将由美国联邦政府持有,12.5%的股份则由加拿大政府持有,全美汽车工人联合会(工会)将持有17.5%的股份,无担保债权人持有10%的股份。美国政府的拯救行动由金融领域扩展到了实业领域。

美国政府接管两房至少意味着在危机最终尘埃落定之前,暂时将这两家机构国有化。在一定时期内,两房将变成中国人概念中的"国有企业"。其实,美国政府接管两房的举措也面临着巨大压力。事实上,两房在成立初期本来就是国有企业,在后来随着美国住房抵押市场规模的扩大而逐渐演变为私人持股的上市公司。将两房国有化意味着美国政府走上了回头路。而这个行为跟美国政府倡导的基本经济理念"自由市场"相悖。

美国政府之所以做如此选择,当然是不得已而为之:如果政府坐观不理,那么两房很可能会破产倒闭,而两房如果真的破产,将导致整个美国住房贷款,乃至整个债市,甚至整

个美国金融市场的大崩溃。这是美国乃至整个世界经济都无法承担的一个后果。

二、雷曼兄弟成为"隐形合约"的牺牲品

在雷曼兄弟股价暴跌、难以找到买家之际,美国财长保尔森一直坚持不动用政府一分钱来拯救雷曼兄弟。雷曼前CEO富德说,"直到我被埋进坟墓之前,我都会想个不停","为什么我们是唯一一个"政府不肯救助的金融企业。

1. 隐形合约

自2007年2月次贷问题显现出来到同年12月Countrywide面临倒闭为止,次贷危机其实已经持续了10个月的时间。作为整个金融体系的领导者,美联储在这10个月里做了大量政策储备和风险预估工作。因此,救助Countrywide的行动可以认为是美联储储备政策的第一次应用,那时的美联储认为形势还不算太糟。2008年1月11日,美国银行宣布以换股的方式整体并购Countrywide,涉及交易价格约40亿美元。这样一来无论Countrywide的股东,还是债权人的利益都得到了保障。这一行动具备很强的合理性。毕竟让一个金融企业倒闭会造成深远的社会影响,除非万不得已不会轻易允许。这也是从美联储的角度分析并默认隐形合约合法性的依据。

随后,2008年3月救助贝尔斯登时,美联储想问题的出发点与救助Countrywide时如出一辙:都是为了避免金融企业倒闭造成社会恐慌。唯一不同的是,相较于拯救Countrywide时的政策,美联储这一次明显收紧了隐形合约。实际策略是美联储为摩根大通提供290亿美元,摩根大通自筹10亿美元以现金方式收购贝尔斯登。尽管贝尔斯登的股东损失较为惨重,但是贝尔斯登的债权人权益却得到了全额的保护。

然而到了2008年9月,形势突然恶化。一方面,"两房"、AIG等超大型企业相继出现问题,美联储的援助责任瞬间数倍增大,但是实际上美联储根本无法照顾周全。另一方面,美联储对金融机构的隐形救助协议激发了道德风险。像雷曼即便已经在CDO上亏损巨大,但根据2008年二季度报它依然在加大做多CDO的仓位。如此有恃无恐的行为背后就是在赌美联储无论如何也会出手援助。

由于市场对于美联储会提供援助的预期非常一致,因此债权人依然敢于把钱继续放给从事高风险产品投资的机构。因此,必定是经过一番深思熟虑后,美联储决定选择一家影响力足够震慑市场的鲁莽机构开刀,主动放弃对它潜在的一切承诺,让它彻底倒闭,借以警示所有市场参与者不要再心存幻想,彻底切断风险的源头。雷曼不幸成为反面的典型。

2. 雷曼倒闭的价值

从当时的实际情况来看,雷曼兄弟绝不是最后一家需要救助的金融机构。如果再出手,很有可能把美国政府财政也"拉"下水。如果要防止金融危机进一步扩大,挽救已经陷入困境的金融企业,政府就不能不考虑市场化之路。伯南克认为,雷曼兄弟破产或许在客观上更有利于华尔街秩序的尽快恢复,于是改变了先前拯救濒临破产投行的思路。

之所以挑中雷曼首先因为它规模很大,具备足够的震撼力;同时又没有庞大到AIG的程度,美联储当时判断雷曼即便倒闭也不至引发金融系统崩溃。更重要的是,在已经遭受沉重打击的诸多机构中间,雷曼是风险资产投资比例最高的一家,也是损失最为惨重的。相对而言,在同等规模的投行中,美林证券经纪业务和资产管理业务比例很高因而相

对安全;摩根士丹利虽然在衍生品上也亏损不少,但是相对雷曼而言它的资产结构明显较好;而高盛甚至直到第三季度还在盈利。雷曼是一筐苹果中烂得最厉害的那一个,因此扔起来也就相对不那么痛心了。

但所有冠冕堂皇的理由背后最核心的精髓是:华尔街这条巨狼在金融危机的铁钳下完全被制服了。但凡有一点微小的动作,便立刻会引来周身的剧痛,这是固有的制度缺陷造成的。身处这个非常时期,全体保全是不现实的,旧制度的维护也已经不再有意义,只有打破传统价值判断,冲破眼前的封锁才是获得新生的唯一途径。因此雷曼就像那条被毫不留情咬掉的狼腿一样,是为了整体的生存而必须牺牲掉的个体,它的覆亡具有历史必然性。即便没有雷曼,也会有美林,或者大摩,或者高盛充当这个角色,这是一个击碎旧秩序重建新秩序的里程碑。美联储在以雷曼祭旗。

如果单纯考虑对现实世界的影响力,雷曼的倒闭和一般企业破产案根本没什么不同。毕竟它只是一家独立的投资银行,从事一些高端的、虚无缥缈的金融创新业务而已,既不牵扯柴米油盐,又不决定国计民生。

但是值得大书特书的是,雷曼的倒闭是美国甚至人类金融史上的一个里程碑,从此全世界在重估美国经济的时候也将重估华尔街精神、美国精神的真实价值。从未受到过怀疑的美国式发展模式历史上第一次受到了质疑,这才是雷曼倒闭事件最意味深远的影响。它对未来的意义远大于对现实的意义。

当雷曼倒下去的时候,华尔街的信用其实也随之倒下了。美国政府匆忙中以国家信用接管了已破碎的华尔街信用,短期来看,效果应该不错。但是长期来看,一直以来充当美国挡箭牌的华尔街垮了,从此美国信用将直接袒露在世界的面前,承受来自四面八方的袭击。这是美国成为世界霸主后历史上的第一次。

就算躲过了这场危机,如果华尔街迟迟不能恢复左膀右臂的作用,只能空留美联储凭借美国信用孤身作战,相信早晚它会露出无法补救的破绽。如果有一天连美国信用也崩溃了,便再没有任何后台可以提供援助,则那一天也就是美元体系终结的日子,随之而来的将是美国霸权地位的结束与全球秩序的重新建立。

三、美国救市方案出现重大转向

2008年11月12日,美国救市方案出现了重大转变:放弃收购抵押资产,拟注资非银行机构。保尔森当日宣布放弃7 000亿美元金融救援计划的核心内容之一,即不再像先前计划那样动用这笔巨款购买金融机构的不良资产。在考虑以其他方式帮助银行的同时,政府正研究给消费信贷领域"减压"的方式。

1. 缓解消费贷款压力

保尔森承认,收购抵押资产并非利用政府资金的"最有效途径",美国财政部决定通过认购优先股的方式向银行业注资,并认为这才是这笔资金更好的使用方式。政府还在研究其他选择,比如向那些能自己筹款的银行更多提供政府救援金。这一决定意味着美国金融救援方案出现重大转变。政府当时游说国会通过这一方案时,只着重强调会购买银行不良资产。

保尔森表示,不收购抵押资产所节省下来的部分资金将被用于支持信用卡应收账款、汽车贷款与学生贷款市场。他认为,这一市场实际上已陷于停顿。他表示,美国财政部还将考虑把部分资金提供给非银行金融机构,而银行业也可能需要更多的帮助。

保尔森介绍了救援计划的一些新动向,说这一计划将帮助缓解消费贷款方面的压力。与消费贷款有关的除银行外,还有一些非银行金融机构。保尔森说,这些机构正面临资金紧缺困境,一些资产支撑证券市场在降低花费和增加消费方面发挥了重要作用,而如今这一领域的机构正备受煎熬。

"这一领域资金流动不畅导致支出上升,使申请汽车贷款、学生贷款和信用卡受阻,"保尔森说,"这正给美国人民加以重担,且减少了工作岗位。"财政部和美国联邦储备委员会的官员正在研究支持资产支撑证券市场的计划。保尔森说,这一计划具有"相当规模",政府正考虑动用部分救援资金鼓励私人投资者回到这一领域。

除了考虑支持资产支撑证券市场,保尔森说政府还考虑在不购买抵押品支撑证券前提下减少丧失抵押品赎回权现象的方式。

2. 绕不过的汽车业

陷入困境的美国汽车业的巨头们也紧盯着政府手中的票子,希望能从救援计划中分一杯羹。但保尔森当天的表态让他们失望。保尔森说,汽车业极端重要,但金融救援计划的对象不是针对这一行业所设计。美国不少国会议员正推动政府向汽车业注资。当被问及如何看待这一举动时,保尔森谨慎回答:"任何决定都得让汽车制造企业有长期生存能力。"

当时,是否救援汽车业的问题在国会分歧也不小。尽管民主党领导人极力想把汽车业纳入金融救援计划中,但有议员表示怀疑,认为救援计划针对的是金融业,如果超出这一领域,会带来麻烦。参议员杰夫·塞森斯问道:"如果我们越过金融机构和其他企业的界线,问题是,那条线怎么划?"

在帮助汽车业问题上,白宫给出模棱两可的回答。白宫女发言人达娜·佩里诺说,尽管政府了解汽车业的困境,但政府对此没责任。那些公司"过去做出的商业决定导致今天的局面"。然而,佩里诺并未将路完全堵死,称政府在帮助汽车业问题上持"开放态度"。在此次破产重组中,美国奥巴马新政府又提供了大约 300 亿美元的援助。

通用公司在宣布破产保护后称其总资产是 822.9 亿元,总债务则高达 1 728.1 亿元,也就是说基本上债务是它现在资产的两倍,已是严重的资不抵债。不断上涨的拯救 AIG 的投入,已经大大超出美国政府的最初预算;而陆续向通用注入的流动性资金并没能使通用解困,所有的债权人正张着大嘴等着政府的注资。因此,如果还像拯救 AIG 那样直接注资,这可能会是个比 AIG 更大的无底洞。让通用破产重组,构建一个精干、高效的新通用是明智之举。

四、美国救市方案转向的原因

美国财政部调整救市政策,可以说是对前一段出台的针对陷入困境的金融机构的救市政策所引发的一系列问题的反思。

首先,赎买因次贷危机而受影响的问题债券和金融产品,虽然能够帮助部分金融机构挺过难关,但并不能解决信贷市场受次贷危机影响而萎缩的问题。其次,注入问题金融机构的政府救市资金并没有得到有效利用。大量资金被用来支付公司高管的薪水、福利以及离职补偿,这引发了广泛的社会不满情绪。财政部的新计划将解决"相当一部分珍贵的救市资金被'合法地'用来补偿那些制造危机的'罪魁祸首'"这一问题,缓解公众舆论压力。

"现在看来,美国政府已经不愿自己出大量资金(救市场),美国政府现在政策的主要导向,第一是鼓励企业联合起来自相救援。第二是采取一些间接的宏观调控措施来刺激经济的发展,刺激老百姓的消费。"

事实上,只有在经济本身健全、危机只是由投资者信心不足而引发的情况下,政府购买银行的抵押贷款支持证券等问题资产才能有助于恢复投资者信心和保证金融体系的畅通运行。包括保尔森和伯南克在内的所有人都已经清楚地看到,美国的金融机构由于"失血"过多已经危在旦夕,仅靠政府购买他们所有的坏账起不到"妙手回春"的作用。他们要的是更猛的药——而不仅仅是政府承诺的直接注资。

同时,保尔森的"变脸"也表明,目前的经济危机已经超越了抵押贷款和房地产市场,扩展到了其他领域。保尔森称,金融系统以外的信贷市场也需要帮助。在美国,40%的消费信贷来自信用卡消费、购车贷款、助学贷款以及其他类似产品。目前这些重要的消费信贷市场都已经陷入停滞。

消费信贷的停滞并不是因为金融系统出了问题,而是因为消费者和零售商陷入经济困境。现如今,美国的家庭因受负债和失业的拖累,竭尽全力缩减开支,这使得靠消费带动的零售业和汽车行业饱受其害。因此,要拯救美国的经济就必须刺激消费及消费信贷,这就是美国新的国家战略和产业战略。

知识链接

2013年美国经济发展现状

2013年年初,美联储主席伯南克公开表达了他对于美国经济谨慎乐观的态度,与此同时,他着重强调了当前美国经济复苏的脆弱性,以及提高债务上限的迫切性。美债,这一所谓世界上最安全的资产,正在为世界酝酿着最大的不确定性。

2012年年末,世界末日并没有到来,成功连任的美国总统奥巴马依旧忙碌于就财政悬崖问题与国会的不断较量,尽管双方在最后时刻达成了一个妥协性方案,但这一方案并不代表问题的解决,而是把一个更为陡峭的悬崖留在了2013年的3月1日。

其实,早在去年12月20日,美国众议院议长博纳提出的B计划未获足够多支持票而被搁置之后,财政悬崖就似乎已经难以避免了。奥巴马在最后时刻的努力更多的是出于政治上的表态,而非务实的协商。正如《华盛顿邮报》指出,目前的气氛和情形让人感觉2011年债务上限的谈判闹剧正在重演。根据众多美国投行预测,财政悬崖造成的GDP损失将达到2%,这对刚刚开始企稳复苏的美国经济来说,显然十分沉重。

当下,联邦支出自动削减机制和债务上限的启动已经无法阻止,尽管白宫下一步一定会通过其他政策尽量延长针对中低收入者的减税政策,但是下一步的胜利很有可能属于共和党。首先也是最重要的原因是政治,当前美国两党政治的分裂决定了共和党与民主党合作的可能性微乎其微,尤其是在共和党为增税计划做出妥协之后,已很难再做出任何有实质性的让步。其次,单纯就经济角度而言,减少开支符合美国当前的公共利益,减轻社会泛福利化负担是重塑美国竞争力的一个必要路径。

因此,奥巴马即将面临来自于三个方面的压力:首先是来自国会的压力,共和党必定坚持缩减开支,并以债务上限为谈判筹码;其次是来自华尔街的压力,金融市场将非常不愿看到美国国债评级下调所引发的金融动荡;最后,在债务上限再次被提高之后,奥巴马将面临来自世界各国的压力,世界各主要经济体已经开始认识到,建立在美元霸权上的国际经济体系正面临着越来越大的调整压力。

在债务问题悬而未决的同时,美联储正用印钞机来支撑美国经济。2012年年末,美联储宣布在"扭转操作"年底到期后,每月除了继续购买400亿美元抵押贷款支持证券外,还将额外购买约450亿美元长期国债。同时,美联储将继续把到期的机构债券和机构抵押贷款支持证券的本金进行再投资。这所谓的QE4并不意外,伯南克的坚定信心来自于他一直以来对于应对危机的学术信念,即提供足够的流动性。

而这次美联储声明的一个变化是,明确地提出了在失业率高于6.5%、未来1至2年通胀水平预计高出2%的长期目标不超过0.5个百分点的情况下,将继续把联邦基金利率保持在0~0.25%的超低区间。新的说法客观上透露出美联储对于经济未来走势的判断,经济复苏将充满艰辛,而美联储决定为市场提供充足的流动性。值得注意的是,本月公布的美联储去年12月份货币政策制定会议纪要表示,部分委员质疑在2013年及更长期实行QE3计划的合理性,这一最新变化显示出美联储内部对长期宽松货币政策的隐忧,也成为影响2013年美国经济走向的又一不确定因素。

摘编自:2013年2月7日,中国行业研究网 http://www.chinairn.com.

五、结论

通过美国的实践进一步证明,自由市场经济通常是有效的,但也会出现市场失灵,这时需要国家干预。但如何干预和干预到什么程度,需要在理论上不断探索和实践中不断尝试。这对我国实行的有中国特色的社会主义市场经济也有重要的借鉴作用。这是一个需要长期研究、不断深化的重大课题。

附录 A

历届诺贝尔经济学奖得主及成就
（1969—2014）

1969 年　拉格纳·弗里希（Ragnar Frisch）和简·丁伯根（Jan Tinbergen）　他们发展了动态模型来分析经济进程。前者是经济计量学的奠基人，后者是经济计量学模式建造者之父。

1970 年　保罗·安·萨缪尔森（Paul A. Samuelson）　他发展了数理和动态经济理论，将经济科学提高到新的水平。他的研究涉及经济学的全部领域。

1971 年　西蒙·库兹涅茨（Simon Kuznets）　在研究人口发展趋势及人口结构对经济增长和收入分配关系方面作出了巨大贡献。

1972 年　约翰·希克斯（John R. Hicks）和肯尼斯·约瑟夫·阿罗（Kenneth J. Arrow）　在一般均衡理论和福利经济学方面做了"开创性的工作"。

1973 年　华西里·列昂惕夫（Wassily Leontief）　发展了投入产出方法，该方法在许多重要的经济问题中得到运用。

1974 年　弗·冯·哈耶克（Friedrich August Von Hayek）和纲纳·缪尔达尔（Gunnar Myrdal）　他们深入研究了货币理论和经济波动，并深入分析了经济、社会和制度现象的互相依赖。

1975 年　列奥尼德·康托罗维奇（Leonid Vitaliyevich Kantorovich）和佳林·库普曼斯（TJalling C. Koopmans）　前者在 1939 年创立了享誉全球的线形规划要点，后者将数理统计学成功运用于经济计量学。他们对资源最优分配理论作出了贡献。

1976 年　米尔顿·弗里德曼（Milton Friedman）　创立了货币主义理论，提出了永久性收入假说，在消费理论、货币历史和理论以及对经济稳定政策的研究方面做出了突出贡献。

1977 年　戈特哈德·贝蒂·俄林（Bertil Ohlin）和詹姆斯·爱德华·米德（James E. Meade）　对国际贸易理论和国际资本流动做了开创性研究。

1978 年　赫伯特·亚·西蒙（Herbert A. Simon）　对于经济组织内的决策程序进行了研究，这一有关决策程序的基本理论被公认为对公司企业实际决策的创见。

1979 年　威廉·阿瑟·刘易斯（Arthur Lewis）和西奥多·舒尔茨（Theodore W. Schultz）　在经济发展方面进行了开创性研究，深入研究了发展中国家在发展经济中应特别考虑的问题。

1980 年　劳伦斯·罗·克莱因（Lawrence R. Klein）　以经济学说为基础，根据现实经济中实有数据所作的经验性估计，建立起经济体制的数学模型。

1981 年　詹姆士·托宾（James Tobin）　阐述和发展了凯恩斯的系列理论及财政与货币政策的宏观模型。对金融市场及相关的支出决定、就业、产品和价格等方面的分析作出了重要贡献。

1982 年　乔治·斯蒂格勒（George J. Stigler）　在市场运行的方式、产业结构和组织、经济立法和管制的作用与影响方面，作出了创造性重大贡献。

1983 年　罗拉尔·德布鲁（Gerard Debreu）　"20 世纪 50 年代末发表的《价值理论》，由于其普遍的适用性和优美的分析方法，已经成为经典。"他概括了帕累托最优理论，创立了相关商品的经济与社会均衡的存在定理。

1984 年　理查德·约翰·斯通（Richard Stone）　国民经济统计之父，在国民账户体系的发展中做出了奠基性贡献，极大地改进了经济实践分析的基础。他所提出的国民收入核算体系（SNA）已经成为举世公认的国民核算标准化体系，为联合国和世界绝大多数国家所采用。

1985 年　弗兰科·莫迪利安尼（Franco Modigliani）　第一个提出储蓄的生命周期假设。这一假设在研究家庭和企业储蓄中得到了广泛应用。

1986 年　詹姆斯·布坎南（James M. Buchanan）　创立了"公共选择理论"，将微观经济学分析市场运行的基本工具运用于政治决策的分析，使经济分析扩大和应用到社会—政治法规的选择。

1987 年　罗伯特·索洛（Robert M. Solow）　对经济学的最大贡献在经济增长理论方面，他提出长期的经济增长主要依靠技术进步，而不是依靠资本和劳动力的投入，他创立的新古典增长理论，不仅对增长理论，而且对整个经济学的发展产生了重要影响。

1988 年　莫里斯·阿莱斯（Maurice Allais）　在市场理论及资源有效利用方面做出了开创性贡献。对一般均衡理论重新做了系统阐述。

1989 年　特里夫·哈维默（Trygve Haavelmo）　建立了现代经济计量学的基础性指导原则。

1990 年　默顿·米勒（Merton M. Miller）、哈里·马科维茨（Harry M. Markowitz）、威廉·夏普（William F. Sharpe）　他们在金融经济学方面做出了开创性工作。

1991 年　罗纳德·科斯（Ronald H. Coase）　获奖的理由在于他的两篇论文，一篇是 20 世纪 30 年代发表的《企业的性质》，另一篇是在相隔 20 多年之后的 60 年代发表的《社会成本问题》。在这两篇论文中，他发现并澄清了交易成本和产权对制度结构和机制的重要性，从而对理解社会经济的运行作出了突破性的贡献。

1992 年　加里·贝克尔（Gary S. Becker）　他的贡献是"将微观经济分析扩大到对非市场领域人类行为的分析"，特别是"扩大到其他社会科学如社会学、人类学和犯罪研究的人类行为方面"。

1993 年　道格拉斯·诺斯（Douglass C. North）和罗伯特·福格尔（Robert W. Fogel）　前者建立了包括产权理论、国家理论和意识形态理论在内的"制度变迁理论"。后者用经济史的新理论及数理工具重新诠释了过去的经济发展过程。

1994 年　约翰·纳什（John F. Nash）、约翰·海萨尼（John C. Harsanyi）、莱因哈德·泽尔腾（Reinhard Selten）　这三位数学家在非合作博弈的均衡分析理论方面作出了开创性的贡献,对博弈论和经济学产生了重大影响。

1995 年　罗伯特·卢卡斯(Robert Lucas)　他发展和应用了理性预期假说,并由此改变了宏观经济分析,深化了人们对经济政策的理解,并对经济周期理论提出了独到的见解。

1996 年　詹姆斯·莫里斯(James A. Mirrlees)和威廉·维克瑞(William Vickrey)　前者在信息经济学理论领域作出了重大贡献,尤其是不对称信息条件下的经济激励理论;后者在信息经济学、激励理论、博弈论等方面都作出了重大贡献。

1997 年　罗伯特·默顿(Robert C. Merton)和迈伦·斯科尔斯(Myron S. Scholes)　前者对布莱克—斯科尔斯公式所依赖的假设条件做了进一步减弱,在许多方面对其做了推广;后者给出了著名的布莱克—斯科尔斯期权定价公式,该法则已成为金融机构涉及金融新产品的思想方法。

1998 年　阿马蒂亚·森(Amartya Sen)　对福利经济学几个重大问题作出了贡献,包括社会选择理论、对福利和贫穷标准的定义、对匮乏的研究等。

1999 年　罗伯特·蒙代尔(Robert A. Mundell)　对不同汇率体制下的货币与财政政策的分析以及对最佳货币区域的分析使他获得这一殊荣。

2000 年　詹姆斯·赫克曼(James J. Heckman)、丹尼尔·麦克法登(DANIEL L. McFADDEN)　在微观计量经济学领域的贡献。詹姆斯·赫克曼对分析选择性抽样的原理和方法所作出的发展和贡献,丹尼尔·麦克法登对分析离散选择的原理和方法所作出的发展和贡献。

2001 年　乔治·阿克洛夫(G. Akerlof)、迈克尔·斯彭思(M. Spence)和约瑟夫·斯蒂格里茨(J. Stigliz)　奖励他们在"对充满不对称信息市场进行分析"领域作出了重要贡献。

2002 年　丹尼尔·卡恩曼(Daniel Kahneman)和弗农·史密斯(Vernon L. Smith)　前者因为他"将源于心理学的综合洞察力应用于经济学的研究,尤其是在不确定情况下的人为判断和决策方面作出了突出贡献";后者因为他"为实验经济学奠定了基础,他发展了一整套实验研究方法,并设定了经济学研究实验的可靠标准"。

2003 年　罗伯特·恩格尔(Robert F. Engle)和克莱夫·格兰杰(Briton Clive WJ Granger)　他们发明了处理许多经济时间序列两个关键特性的统计方法:时间变化的变更率和非平稳性。

2004 年　挪威经济学家芬恩·基德兰德(Finn E. Kydland)和美国经济学家爱德华·普雷斯科特(Edward C. Prescott)　获奖理由:在动态宏观经济学方面作出了巨大贡献。他们的研究工作解释了经济政策和技术的变化是如何驱动商业循环的。

2005 年　以色列经济学家罗伯特·奥曼(Robert J. Aumann)和美国经济学家托马斯·谢林(Thomas C. Schelling)　因"通过博弈论分析加强了我们对冲突和合作的理解"所作出的贡献而获奖。

2006 年　美国经济学家埃德蒙·费尔普斯(EdmundS. Phelps)　对宏观经济政策中跨期权衡分析所作的研究,加深人们对于通货膨胀和失业预期关系的理解方面作出了贡献。

2007 年　美国经济学家莱昂尼德·赫维奇（Leonid Hurwicz）、埃里克·马斯金（Eric S. Maskin）和罗杰·迈尔森（Roger B. Myerson）　他们在创立和发展"机制设计理论"方面作出了贡献。"机制设计理论"最早由赫维奇提出，马斯金和迈尔森则进一步发展了这一理论。这一理论有助于经济学家、各国政府和企业识别在哪些情况下市场机制有效、哪些情况下市场机制无效。

2008 年　美国经济学家保罗·克鲁格曼（Paul R. Krugman）　克鲁格曼整合了此前经济学界在国际贸易和地理经济学方面的研究，在自由贸易、全球化以及推动世界范围内城市化进程的动因方面形成了一套理论。他的新理论能够帮助解释自由贸易和全球化对世界经济产生什么样的影响，以及世界范围内城市化进程的驱动力等一系列重要问题。

2009 年　美国经济学家埃莉诺·奥斯特罗姆（Elinor·Ostrom）和奥利弗·威廉森（Oliver·Williamson）　奥斯特罗姆因为"在经济管理方面的分析、特别是对公共资源管理的分析"获奖，威廉森则因为"在经济管理方面的分析、特别是对公司边界问题的分析"获奖。

2010 年　美国经济学家彼得·戴蒙德（Peter A. Diamond）、戴尔·莫特森（Dale T. Mortensen），英裔、塞浦路斯籍经济学家克里斯托弗·皮萨里德斯（Christopher A. Pissarides）　这三名经济学家凭借对经济政策如何影响失业率理论的进一步分析，摘得 2010 年诺贝尔经济学奖桂冠。三人的理论可以解释许多经济现象，包括：为何在存在很多职位空缺的时候，仍有众多人失业。三人建立的经济模型，还有助于人们理解规章制度和经济政策如何影响失业率、职位空缺和工资。

2011 年　美国经济学家托马斯·萨金特（Thomas J. Sargent）与克里斯托弗·西姆斯（Christopher A. Sims）　在"宏观经济因果关系的实证研究"方面作出了突出的贡献。自 20 世纪 70 年代初以来，萨金特一直是理性预期学派的领袖人物，为新古典宏观经济学体系的建立和发展作出了杰出贡献，对宏观经济模型中预期的作用、动态经济理论与时间序列分析的关系等方面作出了开创性的工作。克里斯托弗·西姆斯创立了名为向量自回归的方法来分析经济如何受到经济政策的临时性改变和其他因素的影响。西姆斯及其他研究者使用这一方法来研究诸如央行加息对经济的影响等诸多重要问题。

2012 年　美国经济学家埃尔文·罗斯（Alvin Roth）与罗伊德·沙普利（Lloyd Shapley）　他们得奖的理由是"以鼓励他们在稳定配置理论及市场设计实践上所作出的贡献。"2012 年的诺贝尔经济学奖关注了一个经济学的中心问题：如何尽可能恰当地匹配不同的市场主体。尽管两位研究者的研究是独立完成的，但沙普利的基础理论与罗斯的经验性调查一经结合，各类实验和实际设计已经产生出一个繁荣的研究领域，改善了许多市场的表现。

2013 年　美国经济学家尤金·法马（Eugene F. Fama）、拉尔斯·彼得·汉森（Lars Peter Hansen）和罗伯特·席勒（Robert Shiller）　他们因为对资产价格的实证分析获得 2013 年诺贝尔经济学奖。诺奖委员会称："他们三位发展出了资产定价研究新方法并将其用于对股票、债券和其他资产价格细节的研究之中。他们的方法已经成为学术研究的标准。他们的成果不仅给理论研究提供指导，更有助于专业投资应用。"

2014 年　法国经济学爱让·梯若尔（Jean Tirole）　他因在"市场力量及管制"的分析方面取得的成就而获奖。梯若尔最重要的贡献是他系统阐述了如何理解和监管由少数力量强大的企业控制的行业。因为许多行业都是由少数大公司或者一个巨头所垄断的。如果不加以监管，这些行业的市场就会产生社会不想看到的后果，比如产品价格过高，或者阻止效率更高的竞争对手进入这一行业等等。梯若尔的成果使这些领域的研究迈入了一个新的阶段。

附录B

经济学国内外经典教材及阅读书目简介

国内外经济学的经典教材可以分为初级教材、中级教材和高级教材。初级的入门教材一般是针对初学者，所以大多列举案例和现象，加以文字说明，辅之以二维图形说明，较少使用数学工具。高级教材注重数理逻辑，而二维图形和文字已难以表达所要说明的问题，故较多使用数学工具。中级教材介于二者之间，界定较为模糊。教材难度不同，跨度相差较大。越是高级，则越多分歧、越强调数理逻辑之严谨；反不如低级实用。下面主要对考研中常用的国内外经典教材进行简要说明。

一、国外教材

（一）初级教材

[1] 保罗·萨缪尔森，威廉·诺德豪斯.经济学[M].18版.萧琛，译.北京：人民邮电出版社，2008.

萨缪尔森是新古典综合学派的代表人物，1970年获诺贝尔经济学奖。他的研究范围涉及经济学的众多领域，对政治经济学、部门经济学和技术经济学有独到的见解。目前经济学各种教科书所使用的分析框架及分析方法，多采用由他1947年的《微观经济分析》发展、糅合凯恩斯主义和传统微观经济学而成的"新古典综合学派"理论框架。

这本教材自1948年首次出版以来已经经历了半个多世纪。随着世界经济变革和经济学发展，这部书一直在不断修改、补充，至今已出版第18版，成为世界上最畅销的经济学教材。

全书结构宏伟，篇幅巨大，可谓博大精深。读完该书，可了解经济学所探讨问题在经济学体系中的位置及分析框架，对经济学有一个完备的认识框架。

[2] N.格里高利·曼昆.经济学原理[M].4版.梁小民，译.北京：北京大学出版社，2007.

N.格里高利·曼昆是美国著名经济学家，哈佛大学教授，现任美国总统经济顾问委员会主席。

本书英文版现已被哈佛大学、耶鲁大学、斯坦福大学等美国多所大学用作经济学原理课程的教材。本书前三版的中译本，自1999年出版以来也一直是国内选用最多、最受欢迎的经济学教材。

该书为大学低年级学生而写，主要特点是行文简单、说理浅显、语言有趣。该书引用大量的案例和报刊文摘，与生活极其贴近，诸如美联储为何存在、如何运作，Greenspan如何降息以应付经济低迷等措施背后的经济学道理。该书几乎没有用到数学，而且自创归纳出"经济学十大原理",为初学者解说,极其利于完全没有接触过经济学的人阅读。读完此书,可了解经济学的基本思维、常用的基本原理,并可运用于看待生活中的经济现象,可知经济学之功用及有趣,远超人们的一般想象。推荐入门首选阅读。

[3] 约瑟夫·E. 斯蒂格利茨,等. 经济学(上、下)[M]. 4版. 黄险峰,张帆,译. 北京:中国人民大学出版社,2010.

斯蒂格利茨的《经济学》,被认为是萨缪尔森的同名教科书出版以来最具国际影响的一部经济学原理教科书。斯蒂格利茨在信息经济学成就甚高,此书可作为前二者的补充,前二者所涉及的经济学内容主要是以价格理论及边际分析为基础,不包括不对称信息经济学、不确定性分析部分。斯蒂格利茨的《经济学》可填充前二者的空白。

[4] 迈克尔·帕金. 经济学(上、下)[M]. 8版. 张军,译. 北京:人民邮电出版社,2009.

本书以体系完整、内容全面、逻辑严谨、论述详细而著称,被誉为最适合课堂教学,同时也是最符合中国人教学思维习惯的经济学教材。

以上四本是当前最为畅销并被广泛采用的经济学教材,被国内外专家公认为最好的四本经济学教材。

(二)中级教材

从中级教材来看,微观的特点是精深,宏观的特点是复杂,因为宏观流派很多,观点各不相同。

[1] 平狄克,鲁宾费尔德. 微观经济学[M]. 6版. 王世磊,等,译. 北京:中国人民大学出版社,2006.

本书是标准的中级微观经济学教材。该书内容适中、主题广泛,所用数学工具浅显,有函数,但不涉及微分,只用差值。与已有的教科书相比,在内容上,吸收了经济学过去的最新研究成果,如博弈论、住处经济学、新制度经济学等;在叙述上,采用理论讲授与案例分析相结合的方法,并最大限度地把基本原理应用于对制度政策的分析,具有知识性、启迪性和实用性的特点。本书在西方得到许多大学经济系的推崇。

这本书对于背景迥异的学生来说都应该是适用的。建议此书应通读,以做进阶之用。

[2] 范里安. 微观经济学:现代观点[M]. 8版. 费方域,等,译. 上海:格致出版社,上海三联书店,上海人民出版社,2011.

此书是极规范的中级微观经济学教材。美国MIT、哈佛、伯克利经济学本科指定教材,易懂而深刻。其内容上相当关注技术细节问题,比平狄克要更深一些。范里安微观经济学对数学造诣要求极深。然此书乃为学生所写之中级教材,刻意避免数学的应用,大部分数学推导放于附录,微分运用相当少,适宜学完平狄克的《微观经济学》后重点阅读。可作平狄克中各部分理论内容之拓展。

[3] 多恩布什,费希尔,斯塔兹. 宏观经济学[M]. 10版. 王志伟,译. 北京:中国人民大学出版社,2010.

本书为麻省理工学院著名经济学家多恩布什和费希尔等合作撰写。自1978年出版至目前的第7版,连续30年盛销不衰,是当今欧美大学中最为流行的宏观经济学教科书。

作者尽可能地用简明通俗的语言来阐述深奥的经济学原理,并附有案例与习题,对于初学者来说,更容易理解与掌握。

此书是标准的中级宏观教材,属正统教材,其体系清楚,描述准确,通用于美国各大学多年。采用凯恩斯 IS-LM 体系为框架,对各个流派评价及描述相当公平。推荐必读。

[4] N.格里高利·曼昆.宏观经济学[M].7 版.卢远瞩,译.北京:中国人民大学出版社,2011.

本书是一本标准的中级宏观经济学教科书。内容全面准确、深入浅出,涵盖了当代宏观经济学的所有主要领域,准确、严谨地介绍了宏观经济学的主要概念和论题,公正地介绍了经济学界达成共识的主要观点和存在的分歧。

此书秉承曼昆《经济学原理》之优点,以语言简洁明快、清晰易懂为特点。虽只有很少量的数学,但对原理及内容均提炼得甚为简洁。

本书是一本全面准确、通俗易懂、深浅适度,适合于包括高年级本科生、研究人员、政府和企业决策者的广大读者群。

[5] 奥利维尔·布兰查德.宏观经济学[M].4 版.刘新智,译.北京:清华大学出版社,2010.

本书是目前西方较为流行的中级宏观经济学教科书。作者奥利维尔·布兰查德是美国著名经济学家,对宏观经济的重大问题均有研究,并在诸多政府和国际组织担任职务,其著述颇丰,享誉学界。

作者自称本书的两大目标:一是密切关注当今世界的宏观经济事件,如欧洲货币的新体制、美国预算赤字的消除、东欧的转型和亚洲的危机,举凡天下大事,作者无不囊括书中,其目的除了增加学习的趣味性之外,更彰显宏观理论的现实力量。二是提供宏观经济学的整合观点,以"三大市场均衡模型"贯穿全书,依所讨论问题的不同而生出变化,对感觉理论错综复杂、如堕雾中的初学者,这种强调理论一致性的简约风格不啻一剂清新良药。

宏观经济学研究的问题是,一个国家整体经济的运作情况以及政府如何运用经济政策来影响国家整体经济的运作。本书系统介绍了宏观经济学研究的各个领域,并对有关理论研究进行了深入的拓展,为读者提供了一个由浅入深的学习思考路径。作为一本中级宏观经济学教科书,本书不仅从知识体系和学术研究上构建了一个比较完善的框架,而且着重培养读者从基础入手,建立模型,从而深入分析宏观经济现象和问题的能力。

[6] 曼斯菲尔德.微观经济学[M].9 版.黄险峰,等,译,北京:中国人民大学出版社,1999.

该书内容、难度与平狄克相仿,唯编排次序不同,体系稍显庞杂,不如平狄克所著明晰,然也为国外通行教材。若修习平狄克所著有不明之处,则可先参照此教材,或先修学其他国内出版之书籍。

[7] J.萨克斯,F.拉雷恩.全球视角的宏观经济学[M].费方域,等,译.上海:格致出版社,上海三联书店,上海人民出版社,1997.

整本书注意细节且有条理,很适宜读完多恩布什《宏观经济学》后进一步阅读,以拓展知识。

[8] 罗伯特·霍尔,约翰·泰勒.宏观经济学[M].5 版.张帆,译,北京:中国人民大学出版社,2000.

该书特色：建立一个始终如一的,包括短期波动、价格调整和长期增长的完整的工作模型；对宏观经济学如何在实际政治、生活中贯彻执行进行了透彻的考察；在解释为什么经济会短期偏离长路径时,把价格水平作为前定量处理；对所讨论的各种问题,都注意了它的微观基础。

二、国内教材

[1] 高鸿业.西方经济学（上、下）[M].5版.北京：中国人民大学出版社,2011.

本书是普通高等教育"十五"国家级规划教材,由教育部高教司组编,北京大学、复旦大学、中国人民大学等高校教师编写。该书内容全面,通俗易懂,很适合中国人的口味,是国内众多院校的考研指定参考书。该书同时配有与之相配套的辅助性教材《西方经济学学习与教学手册》（中国人民大学出版社）,由原书的编撰人员撰写,其目的在于提供与教材内容有关的习题答案、案例及其他资料,以便丰富和深化对教材内容的理解,从而有助于读者的学习或教学工作。

[2] 厉以宁.西方经济学[M].3版.北京：高等教育出版社,2011.

[3] 黎诣远.西方经济学[M].3版.北京：高等教育出版社,2008.

[4] 许纯桢.西方经济学[M].3版.北京：高等教育出版社,2008.

[5] 宋承先,许强.现代西方经济学（微观经济学）[M].3版.上海：复旦大学出版社,2004.

[6] 宋承先,许强.现代西方经济学（宏观经济学）[M].3版.上海：复旦大学出版社,2005.

[7] 朱善利.微观经济学[M].3版.北京：北京大学出版社,2007.

[8] 黄亚钧.微观经济学[M].3版.北京：高等教育出版社,2009.

[9] 周惠中.微观经济学[M].3版.上海：格致出版社,2012.

[10] 袁志刚,欧阳明.宏观经济学[M].2版.上海：格致出版社,2012.

[11] 黄亚钧.宏观经济学[M].3版.北京：高等教育出版社,2009.

[12] 尹伯成.西方经济学简明教程[M].7版.上海：格致出版社,上海人民出版社,2011.

[13] 黎诣远,李志明.微观经济分析[M].2版.北京：清华大学出版社,2003.

[14] 黎诣远:西方经济学(下册):宏观经济分析[M].北京：清华大学出版社,1999.

三、习题集

学习西方经济学,需要做一些练习题,目的在于加深对西方经济学基本概念的理解,学会对基本原理的运用。西方经济学习题集中,最有名的莫过于以下几本。

[1] 尹伯成.现代西方经济学习题指南：微观经济学[M].7版.上海：复旦大学出版社,2012.

[2] 尹伯成.现代西方经济学习题指南：宏观经济学[M].7版.上海：复旦大学出版社,2012.

本书是学习现代西方经济学教材的习题解答指导。该书以选择、判断、分析和讨论及计算等形式,对西方经济学的基本概念、基本原理进行剖析。本书题目类型较全,归类解答。习题具有一定代表性,既可单独阅读,又是学习西方经济学的参考和辅导教材。

其他有代表性的习题集还有很多,如:

[3] 陈恳,吴卫华.西方经济学习题精编[M].北京:高等教育出版社,2002.

[4] 张元鹏.西方经济学例题精解与练习[M].北京:首都经济贸易大学出版社,2002.

四、其他读物

以下所列的这些书籍不属于教材,可以作为同学们课外阅读参考。一则作为课后消遣;二则可以增强经济学意识,学会用经济学原理分析现实生活中的经济问题,同时,还可以拓宽自己的知识领域,为以后的进一步学习奠定基础。

(一)初级阅读书目

[1] 加里·贝克.生活中的经济学[M].薛迪安,译.北京:华夏出版社,2003.

[2] 诺斯,米勒.我们身边的经济学[M].张军,夏业良,译.上海:学林出版社,2006.

[3] 茅于轼.谁妨碍了我们致富[M].广州:广东经济出版社,1999.

[4] 茅于轼.生活中的经济学[M].3版.广州:暨南大学出版社,2007.

[5] 王则柯.你身边的经济学[M].北京:中信出版社,2008.

[6] 梁小民.小民读书[M].福州:福建人民出版社,2001.

[7] 罗必良.活个明白——经济学告诉你[M].上海:上海人民出版社,1999.

[8] 梁小民.经济学是什么[M].北京:北京大学出版社,2001.

[9] 汪丁丁.我思考的经济学[M].北京:生活·读书·新知三联书店,2003.

[10] 斯蒂格里茨.经济学小品和案例[M].王则柯,译.北京:中国人民大学出版社,1998.

[11] 盛洪.经济学精神[M].上海:上海三联书店,2003.

[12] 张军.走近经济学[M].北京:生活·读书·新知三联书店,2005.

[13] 夏业良.制度是怎样练成的[M].天津:天津人民出版社,2002.

[14] 蒲勇健.大话张五常[M].北京:经济科学出版社,2003.

[15] 林毅夫.论经济学方法[M].北京:北京大学出版社,2005.

[16] 林毅夫.论经济发展战略[M].北京:北京大学出版社,2005.

[17] 陈钊.信息与激励经济学[M].2版.上海:格致出版社,2010.

[18] 周其仁.挑灯看剑[M].北京:北京大学出版社,2006.

[19] 梁小民.寓言中的经济学[M].北京大学出版社,2005.

[20] 韩秀云.推开宏观之窗[M].3版.北京:中信出版社,2011.

[21] 梁小民.经济学内外——梁小民经济散文系列[M].北京:中国社会科学出版社,2006.

(二) 中、高级阅读书目

[1] 亚当·斯密.国民财富的性质和原因的研究[M].郭大力,王亚男,译.北京:商务印书馆,2008.

[2] 马歇尔.经济学原理[M].朱志泰,译.北京:商务印书馆,2010.

[3] 凯恩斯.就业、利息和货币通论[M].高鸿业,译.北京:商务印书馆,1999.

[4] 阿瑟·刘易斯.经济增长理论[M].沈杰,沈伯根,译.北京:商务印书馆,1983.

[5] 熊彼特.经济分析史(1,2,3卷)[M].朱泱,等,译.北京:商务印书馆,2001.

[6] 诺思.经济史中的结构与变迁[M].陈郁,罗华平,等,译.上海:上海三联书店,上海人民出版社,1994.

[7] 科斯,等.财产权利与制度变迁[M].刘守英,译.上海:上海人民出版社,2004.

[8] 科斯.企业、市场和法律[M].盛洪,陈郁,译.上海:格致出版社,2009.

[9] 哈罗德·德姆塞茨.所有权、控制与企业——论经济活动的组织[M].段毅才,等,译.北京:经济科学出版社,1999.

[10] 巴泽尔.产权的经济分析[M].费方域,段毅才,译.上海:上海人民出版社,1997.

[11] 哈特.企业、合同与财务结构[M].费方域,译.上海:上海人民出版社,2006.

[12] 拉丰.激励理论:委托——代理模型[M].陈志俊,等,译.北京:中国人民大学出版社,2002.

[13] 哈耶克.个人主义与经济秩序[M].邓正来,译.上海:复旦大学出版社,2012.

[14] 张维迎.博弈论与信息经济学[M].上海:格致出版社,2004.

[15] 张维迎.企业的企业家——契约理论[M].上海:上海人民出版社,1995.

[16] 张维迎.企业理论与国有企业改革[M].北京:北京大学出版社,1999.

[17] 费方域.企业的产权分析[M].上海:格致出版社,2009.

[18] 方福前.当代西方经济学主要流派[M].北京:中国人民大学出版社,2005.

[19] 方福前.公共选择理论[M].北京:中国人民大学出版社,2000.

[20] 张军.现代产权经济学[M].上海:上海三联书店,上海人民出版社,1994.

[21] 黄少安.产权经济学导论[M].北京:经济科学出版社,2004.

[22] 阿马蒂亚·森.贫困与饥荒[M].王宇,王文玉,译.北京:商务印书馆,2001.

[23] 汤敏,茅于轼.现代经济学前沿专题(1,2,3卷)[M].北京:商务印书馆,2002.

[24] 罗志如,范家骧,厉以宁,等.当代西方经济学说[M].北京:北京大学出版社,1996.

[25] 张培刚.微观经济学的产生和发展[M].长沙:湖南人民出版,1997.

[26] 卢现祥.西方新制度经济学[M].北京:中国发展出版社,2003.

[27] 青木昌彦,钱颖一.转轨经济中的公司治理结构[M].北京:中国经济出版社,1996.

[28] 吴敬琏.现代公司与企业改革[M].天津:天津人民出版,1994.

参考文献

[1] 高鸿业.西方经济学(微观部分)[M].5版.北京:中国人民大学出版社,2011.
[2] 尹伯成.西方经济学简明教程[M].7版.上海:格致出版社,2011.
[3] 厉以宁.西方经济学[M].3版.北京:高等教育出版社,2010.
[4] 黎诣远.西方经济学·微观经济学[M].3版.北京:高等教育出版社,2007.
[5] 克鲁格曼.克鲁格曼经济学原理[M].黄卫平,等,译.北京:中国人民大学出版社,2011.
[6] 约翰·B.泰勒.宏观经济学[M].5版.李绍荣,李淑玲,等,译.北京:中国市场出版社,2007.
[7] 弗兰克.牛奶可乐经济学②[M].闾佳,译.北京:中国人民大学出版社,2009.
[8] 黎诣远,陈迅.西方经济学学习辅导书[M].北京:高等教育出版社,2006.
[9] 刘秀光.西方经济学原理[M].北京:清华大学出版社,2009.
[10] 郭万超,辛向阳.轻松学经济[M].北京:对外经济贸易大学出版社,2005.
[11] 茅于轼.生活中的经济学[M].3版.广州:暨南大学出版社,2007.
[12] 孙学敏.西方经济学[M].北京:清华大学出版社,2009.
[13] 章昌裕.西方经济学原理[M].北京:清华大学出版社,2007.
[14] 梁小民.西方经济学基础教程[M].2版.北京:北京大学出版社,2003.
[15] 尹伯成.现代西方经济学习题指南(微观经济学)[M].4版.上海:复旦大学出版社,2003.
[16] 陈友龙,缪代文.现代西方经济学[M].2版.北京:中国人民大学出版社,2011.
[17] 萨缪尔森.萨缪尔森谈失业与通货膨胀[M].萧琛,译.北京:商务印书馆,2012.
[18] 菲尔普斯.就业与通货膨胀理论的微观经济基础[M].陈宇峰,等,译.北京:北京大学出版社,2011.
[19] 瑞比.通货膨胀来了[M].王煦逸,等,译.上海:上海财经大学出版社,2011.
[20] 弗里德曼.失业还是通货膨胀?对菲利普斯曲线的评价[M].张丹丹,等,译.北京:商务印书馆,1982.
[21] 凯恩斯.就业、利息和货币通论[M].高鸿业,译.北京:商务印书馆,2007.
[22] 黄典波.图解宏观经济学[M].北京:机械工业出版社,2009.
[23] 刘裔宏,罗丹桂.西方经济学[M].长沙:中南大学出版社,2011.
[24] 狄俊锋,等.西方经济学概论[M].北京:中国传媒大学出版社,2009.
[25] 曼昆.经济学原理[M].5版.梁小民,译.北京:北京大学出版社,2009.
[26] 卫志民.宏观经济学[M].北京:高等教育出版社,2011.
[27] 袁志刚,欧阳明.宏观经济学[M].2版.上海:格致出版社,2012.
[28] 梁小民.西方经济学导论[M].3版.北京:北京大学出版社,2003.
[29] 基梅尔曼.人人需要知道的经济运行规律[M].何训,译.北京:电子工业出版社,2010.
[30] 魁奈.魁奈经济表及著作选[M].晏智杰,译.北京:华夏出版社,2005.
[31] 胡代光.凯恩斯主义的发展和演变[M].北京:清华大学出版社,2004.
[32] 巴罗.宏观经济学:现代观点[M].沈志彦,等,译.上海:格致出版社,2008.